Michela Marzano

Alles, was ich über die Liebe weiß

Zum Buch

Liebe beglückt und verstört, heilt und vernichtet. Sie kennt keine Regeln und hält doch alles zusammen. Anhand ihrer eigenen Lebens- und Liebesgeschichten spinnt Michela Marzano den Faden einer unendlichen Geschichte weiter.

Was ist Liebe? Die Antworten füllen Bibliotheken, und doch bleibt das Rätsel dieses alle(s) beherrschenden Gefühls ungelöst. Warum verzehren wir uns nach ihr, scheitern an ihr und beginnen doch immer wieder aufs Neue? Wie in einem facettenreichen Roman erzählt Marzano von ihren Liebeserfahrungen, befragt Dichter und Philosophen, deren Werke sich seit Jahrtausenden aus diesem beglückenden, verrückten, riskanten Gefühl speisen.

Ein philosophisches Liebesbrevier voller Poesie, scharfsinniger Analyse und Zuversicht, denn Liebe hält alles zusammen.

Zur Autorin

Michela Marzano, geboren 1970 in Rom, studierte Philosophie in Pisa, Rom und Paris. Sie ist Professorin an der Universität Paris Descartes. Sie nimmt häufig zu aktuellen Debatten Stellung und verfasste zahlreiche philosophische Bücher. Das vorliegende Werk wurde mit dem renommierten Premio Bancarella ausgezeichnet. Die Autorin lebt in Paris.

Michela Marzano

Alles, was ich
über die Liebe weiß

Philosophie eines Gefühls

Aus dem Französischen
von Michaela Meßner

C. Bertelsmann

Die Originalausgabe erschien 2014 unter dem Titel
»Tout ce que je sais de l'amour« bei Éditions Stock, Paris.

Sollte diese Publikation Links auf Webseiten Dritter enthalten,
so übernehmen wir für deren Inhalte keine Haftung,
da wir uns diese nicht zu eigen machen, sondern lediglich auf
deren Stand zum Zeitpunkt der Erstveröffentlichung verweisen.

Verlagsgruppe Random House FSC® N001967

1. Auflage
© 2014 bei Éditions Stock, Paris
© der deutschsprachigen Ausgabe 2018 beim C. Bertelsmann Verlag,
in der Verlagsgruppe Random House GmbH,
Neumarkter Straße 28, 81673 München
Umschlaggestaltung: Jorge Schmidt, München
Satz: Uhl + Massopust, Aalen
Druck und Bindung: Friedrich Pustet, Regensburg
Printed in Germany
ISBN: 978-3-570-10260-2

www.cbertelsmann.de

Für Jacques, der mich so liebt, wie ich bin

That love is all there is,
Is all we know of love;
It is enough, the freight should be
Proportioned to the groove.

Emily Dickinson

Die Vollkommenheit lieben, weil sie die Schwelle ist.
Aber sie negieren, sobald man sie erreicht hat, sie vergessen.

Das Höchste ist Unvollkommenheit

Yves Bonnefoy

1

Als Kind träumte ich von der Liebe

Als Kind träumte ich von der Liebe. Stundenlang steckte ich meine Nase in Bücher, in denen es von vollkommenen Liebesgeschichten nur so wimmelte. Ich stellte mir ein Leben, in dem jeder Tag makellos war. Träumte davon, die Geschichte meiner Eltern umzuschreiben.

Das Leben durfte nicht aus Streit und Zerwürfnissen bestehen. Es sollte funkeln. Wie die Meeresoberfläche im Frühling.

Als gäbe es tatsächlich so etwas wie Harmonie.

Ich war mir sicher, ich würde eines Tages einem Mann begegnen, der alles wieder heil machen könnte. Und hielt stur an meinem Glauben fest. Nichts konnte mich davon abbringen.

Nicht einmal das Geschrei bei uns zu Hause.

Ich hatte das Gefühl, anders zu sein. Anders als meine Mutter, die nicht mehr an die Liebe glaubte. Anders als mein Vater, der nie daran geglaubt hatte. Und auch anders als mein Bruder, der mir zwar ähnlich war, aber beschlossen hatte, Türen und Fenster zu schließen und alle Liebe aus seinem Leben zu verbannen.

Ich war überzeugt, dass mir das niemals passieren würde.
Dass ich kraft meines Willens alle Hindernisse aus dem Weg räumen könnte. Mir bloß Mühe zu geben brauchte.
Selbst wenn Traurigkeit mich übermannte. Selbst im Angesicht der Angst.

Der Angst vor dem Großwerden. Der Angst vor der Perfektion. Der Angst, ich verdiente die unermesslich große Liebe vielleicht gar nicht, mit deren Schilderung ich die Seiten meines Tagebuchs schwärzte, indem ich mir aus Romanen und Gedichtbänden, die sich neben mir auf dem Nachttisch stapelten, Sätze und Wendungen borgte.

Nicht fünfzig Grautöne, sondern tausend. Oder sogar eine Million. Denn in Pastellfarben ließe sich niemals schildern, wie viel Mühe es kostet, die unerträgliche Traurigkeit aus seinem Blick zu vertreiben.

»Und überhaupt, wer hat eigentlich gesagt, es gebe gar keine Märchenprinzen?«, brüllte ich meinen Vater an, der nicht verstand, was da in meinem Kopf vorging. Was erwartete ich denn vom Leben? Warum gab ich mich nicht mit dem zufrieden, was ich hatte?

»Du machst dich lächerlich. Sei zufrieden mit dem, was das Leben dir schenkt!«

»Was geht dich das an, ob ich mich lächerlich mache oder nicht?«

»Wenn du groß bist, wirst du schon sehen, dass ich recht habe.«

So endete es immer. Als Nächstes schloss ich mich im Zimmer ein. Saß dann auf dem Boden vor dem Fenster. Verbarrikadierte mich hinter meinen Träumen und meiner Zerbrechlichkeit.

So endete es immer. Und wenn mein Vater recht hatte? Was wusste ich denn schon von der Welt der Erwachsenen?

Heute weiß ich, dass vieles von dem, was mir im Leben widerfahren ist, auf diese Nachmittage zurückzuführen ist, in denen ich mir meine papierenen Königreiche erschuf. In denen ich noch an den Märchenprinzen glaubte. Und darauf wartete, in seinen Armen aufzuwachen. Endlich glücklich.

Wenn sie und er sich begegnen, wie könnte man blind sein dafür, dass hier die Antwort ist auf jedes Warum, unmittelbar gegenwärtig?

Heute weiß ich, dass das Leben mit Märchen nichts gemein hat. Dass der geliebte Mensch uns nicht alles geben kann, was wir nicht bekommen haben. Dass es nicht ausreicht, sich Mühe zu geben und seine Pflicht zu tun.

Sich anstrengen und seine Willenskraft einsetzen, das hat mit Liebe nichts zu tun. Im Gegenteil. Wenn wir alles tun, um die Liebe an uns zu reißen, wird der Mensch, den wir lieben, uns früher oder später vorwerfen, was wir getan haben. Wird eine endlose Liste all dessen aufstellen, was wir gesagt, behauptet, erhofft, gewollt, beklagt haben.

Und dann wissen wir gar nichts mehr. Weder, was wir sagen, noch, was wir behaupten sollen, weder, was wir uns erhoffen, noch, was wir wollen oder beklagen sollen.

Wir bleiben allein mit unseren Ängsten. Allein mit einer anderen Liste, die auch endlos ist, lauter Fragen ohne Antwort.

Was hätte ich denn sonst noch tun sollen? Was habe ich nicht begriffen?

Heute weiß ich, dass das Leben nichts mit einem Märchen zu tun hat. Das »für immer« der Liebe erinnert an das »für immer« des weißen Kaninchens aus *Alice im Wunderland*: Es dauert nur einen Augenblick.

Diesen Augenblick, in dem man einander begegnet und viele Versprechen macht. Diesen Augenblick, in dem er oder sie auf den Grund jener Leere sinkt, die wir alle in uns tragen. Diesen Augenblick, der ein ganzes Leben andauern kann, »bis dass der Tod uns scheidet«, wirklich »für immer«. Aber nur wenn wir auch akzeptieren, dass niemand seine Versprechen halten kann.

»Hast du deinem Vater schließlich recht gegeben?«, fragt mich Francesca, meine Freundin aus Kindertagen, die diesmal nicht ganz versteht, worauf ich hinauswill.

»Aber wieso denn? Ich habe doch der Liebe gar nicht abgeschworen.«

»Aber von welcher Liebe sprichst du denn?«

»Von der Liebe, die uns überfällt, wenn wir keine Erwartungen mehr haben. Dann macht sie sich plötzlich in deinem Herzen breit, wie eine Bombe mit Zeitzünder.«

»Wovon redest du da? Vom Märchenprinzen?«

2

Ohne große
Überzeugung

Als die Beziehung mit Jacques ihren Anfang nahm, war ich zuerst gar nicht so überzeugt. Es begann eines Abends im Juni, ein wenig aus Zufall.

Ich kann mich beim besten Willen nicht mehr erinnern, was mich ursprünglich bewogen hatte, auf dieses Fest zu gehen. Wo ich doch sonst nie ausgehe. Wo ich doch damals eigentlich mit einem anderen Mann zusammen war. Wer weiß?

Ich war gewiss nicht wunschlos glücklich. Aber wer ist das schon? Vor allem in der Liebe.

»Halt«, sagte ich also zu ihm, als er näher kam, um mich zu küssen. »Ich bin schon in einen anderen verliebt.«

Ich habe immer schon gerne die Dinge beim Namen genannt, ohne um den heißen Brei herumzureden. Bin immer sehr direkt gewesen, fast schon rücksichtslos, habe Klartext geredet, »cash« wie die Franzosen sagen, die aber eigentlich nie Klartext reden. Weil sie der Meinung sind, dass man den Leuten die Wahrheit nicht einfach so ins Gesicht schleudern darf. Die Wahrheit sagt man so gut wie nie. Es sei denn, man hat nichts begriffen vom Leben.

Will man in der Gesellschaft bestehen, muss man den äußeren Schein wahren und zeigen, dass man gute Manieren hat. Denn man darf die anderen ja nicht in peinliche Situationen bringen. Und was war das für ein Benehmen, einem Mann, den man gerade erst kennengelernt hat, zu sagen, man liebe wahrscheinlich einen anderen?

Aber an jenem Abend scherte Jacques sich nicht groß um gute Manieren. Im Gegenteil. Dass es in meinem Leben noch einen anderen Mann gab, passte ihm ganz wunderbar in den Kram. Er hatte sich gerade erst getrennt. Wieso hätte er sich ernsthaft in eine Beziehung stürzen sollen?

Eine Affäre unter anderen, kurz bevor er in Urlaub fuhr. Ein flüchtiges Liebesabenteuer, ganz ohne Reue und Rechtfertigungen. Das gefiel ihm außerordentlich gut.

Und so begann meine Liebesgeschichte mit Jacques. Vielleicht auf die denkbar schlimmste Art. Zum Scheitern verurteilt, wie viele andere auch.

Denn ich hatte zwar mit allen Märchen abgeschlossen, verliebte mich aber in den erstbesten Märchenprinzen, der mir über den Weg lief.

Das Leben hält viele Überraschungen bereit. Und es lässt sich nicht kontrollieren. Die Liebe taucht auf, wenn du es am wenigsten erwartest. Vielleicht weil sie nicht selbstverständlich und offenkundig ist.

Und dann steht sie vor dir.

Sie öffnet diese Tür, die schon so lange fest verschlossen ist. Nötigt dich zu der Frage, wonach du eigentlich suchst. Zwingt dich, deine Rechnungen mit der Vergangenheit zu begleichen.

Sie kommt. Stellt Gewissheiten und Vorhaben infrage. Obwohl nichts im Leben schwieriger ist als die Veränderung.

Wie kann man erzählen, was man durch die Liebe erfahren hat? Wie sollten wir nicht bedingt sein durch die Liebe, die wir als Kind erfahren oder auch nicht erfahren haben? Wie ist es zu erklären, dass nichts sich ändert und doch alles sich ändert, wenn man verliebt ist?

»Komm!«

Das war alles, was Jacques an jenem berühmten Abend zu mir sagte. Er wollte nur, dass ich ihm folgte, dabei wusste nicht einmal er, wohin.

»Warum?«

Mir, die immer alles verstehen will, sagte dieses schlichte »komm« nicht allzu viel.

»Weil das Leben flüchtig ist.«

Für Jacques gibt es nicht viele Gewissheiten. Es ist ihm meist lieber, sich nicht zu entscheiden, denn er könnte ja etwas tun, was er anschließend bereut. Er wartet fast immer ab, bis ein anderer für ihn eine Entscheidung trifft.

Doch an jenem Abend war alles anders. An jenem Abend traf er für mich die Entscheidung. Nachdem er mich beobachtet hatte, wie mir das Leben durch die Finger glitt, wie ich mir die Haare zauste. In der festen Überzeugung, etwas gefunden zu haben, noch ehe er darum wusste.

3

Ohne
Gegenleistung

Das Drama mit den Märchen ist, dass dieser verflixte Prinz nirgendwo beschrieben wird. Er ist charmant, klar. Mit anderen Worten: vollkommen. Aber was heißt das schon? Woran erkennt man Vollkommenheit?

Im Grunde weiß das niemand, auch wenn alle darüber reden und schreiben und jeder seine eigenen Theorien aufstellt. Und die meisten sind nichts als idiotische Rezepte. Und nutzlos. Denn niemals wird man die Alchemie einer Begegnung erklären können, bei der jeder versucht, die eigene Vergangenheit umzuschreiben, ohne auch nur das geringste Augenmerk auf die Eigenschaften zu richten, die dazu angetan sind, einen Menschen liebenswert zu machen – oder auch nicht.

In der Liebe erwählt man den anderen niemals ohne Grund. Der andere entspricht immer dem, was wir seit unserer Kindheit suchen, wenn wir uns das erste Mal in den Mann oder die Frau verlieben, der oder die unser »Ein und Alles« ist. Die stillende Mutter. Der Vater, der uns ein Schlaflied singt. Die behagliche Wärme der Wiege.

Alles, was wir viel zu früh verloren haben und was wir nun wiederfinden möchten, in der fälschlichen Annahme, es könnte diese Leere in uns füllen.

Denn selbst die größte Liebe ist nicht bedingungslos. Sie kann uns nicht ohne Gegenleistung zufriedenstellen. Sie wird uns niemals die Erfüllung bringen.

Und das ist sehr gut so.

Denn wie sonst könnten wir fortan etwas begehren und uns lebendig fühlen? Wie sonst könnten wir immer wieder den Neuanfang wagen und anschließend erneut in die Irre laufen?

Es ist wie das Echo einer fernen und verlorenen Sehnsucht. Weil wir die Worte vergessen haben. Und nur die Melodie übrig bleibt.

Die Melodie, die wir in uns tragen.

Wie ein Schluchzen.

Wir alle haben sehr früh unsere größte Liebe verloren. Sind gefangen im Leid über den Verlust des Blicks, der uns Halt gab. Vielleicht weil Mama zu sehr mit sich selbst oder mit ihrer Arbeit beschäftigt gewesen war. Oder weil Papa schon viel zu verliebt in Mama gewesen war. Oder weil nach uns viel zu schnell ein Brüderchen geboren wurde. Und so weiter und so fort. Bis in alle Ewigkeit.

Oft klemmt etwas. Etwa ein Wort, das sich ganz tief in uns verhakt hat.

Immer fehlt uns etwas.

Wie eine Zärtlichkeit, die uns zu spät erreicht.

Wir hätten gekonnt. Wir hätten gemusst. Wir hätten einfach nur ...

Und dann verbringen wir Jahre damit, diesen Riss zu flicken und die Wunde wieder zu schließen. Ohne zu begreifen, dass Verluste zum Leben dazugehören und dass der andere uns niemals alles geben kann, was wir brauchen.

Wir reden uns dann ein, er habe uns betrogen mit dieser charmanten Maske, die er am Tag unserer Begegnung aufgesetzt hatte. Wir führen uns selbst hinters Licht, wenn wir denken, er sei derjenige, der lügt, und er könnte doch plötzlich, wie durch Magie, wieder ein ganz reizender Mensch werden, ließe er sich doch nur von seiner Verletzlichkeit leiten, die wir ganz tief in ihm verborgen wahrgenommen haben, ließe er doch nur seine Gefühle sprechen.

Und dann entdecken wir, dass er schon verheiratet ist. Oder ein eingefleischter Junggeselle. Was auch immer, auf alle Fälle unerreichbar.

Im Grunde ist das Leben immer eine Tragödie. Und der Charme unseres Märchenprinzen wird über kurz oder lang verblassen. Auch wenn wir uns das nicht eingestehen wollen und uns lieber weiter etwas vormachen.

Nicht dass der andere schlecht wäre – nur vielleicht Gefangener seiner Kindheit, ein Opfer der schwarzen Ungeheuer, die uns in der Nacht quälten. Oder dass der andere nicht die richtige Person wäre – nur glauben wir vielleicht, dass sich irgendwo unser Märchenprinz versteckt hält und auch wir ihn eines Tages finden werden.

Einfach nur, weil der andere, genau wie wir, auf der Suche nach etwas ist. Dem Ursprung der Unruhe. Dem Ende des Begehrens.

Warum also nicht einfach den Menschen lieben, mit dem wir uns wohlfühlen? Warum uns weiter quälen, indem wir der Vergangenheit hinterherlaufen?

Jeder wehrt sich gegen den Verlust dieses Paradieses, in dem alles noch so zart und unbestimmt war. Dieser Glücksmomente, in denen wir glaubten, *alles* zu haben und *alles* zu sein.

Alles, was die Mutter uns gab und was uns am Leben erhielt. Alles, was wir brauchten. *Alles.*

Wen könnten wir um dieses wunderbare »alles« bitten, jetzt, da wir keine Kinder mehr sind? Wer könnte uns diese Illusion der Vollständigkeit vermitteln und diese Leere füllen, unter der wir so leiden?

Die Trauer über den Verlust kennt kein Ende. Und genau das ist das Problem mit der Liebe. In *Fragmente einer Sprache der Liebe* spricht Roland Barthes von der Angst, die jeder empfindet, wenn er liebt: das Drama einer Liebe, die unermesslich ist und die uns zurückgeben kann, was wir verloren haben. Der Augenblick der Verschmelzung, in der die Freude ein beständiger Funke war.

Und dann verstehen wir auch, dass die Liebe das ist, was bleibt, wenn wir glauben, alles verloren zu haben. Und dass sie für alle Menschen gleich ist. Und dass wir dagegen machtlos sind, auch wenn uns das noch so wenig gefällt.

4

Eine Minute
noch

Meine Liebesgeschichte mit Jacques hätte sein können wie alle anderen auch. Unglücklich und zum Scheitern verurteilt. Und sie hätte fein säuberlich dem Drehbuch einer abgeschmackten Liebesschmonzette folgen können.

»Ich wünschte, es könnte ewig dauern.«

Ich sage ihm das, wie verliebte Jugendliche es tun, bevor ihnen dämmert, dass alles sie trennt.

»Was soll das heißen – ewig? Was ist Ewigkeit?«

In seiner Antwort schwingt leichter Sarkasmus mit, wie er allen eigen ist, die nichts von Liebe hören wollen.

»Bitte, geh noch nicht! Eine Minute noch!«

Meine Worte sind dahingehaucht. Aber er ist schon woanders.

»Was hast du denn nur, weinst du etwa? Warum machst du so ein Drama daraus?«

Das bekomme ich jetzt schon seit Jahren zu hören. Obwohl Jacques genau weiß, dass wir uns dann streiten.

Mit der Liebe ist es wie mit dem Leben: Man sollte nie zu große Erwartungen haben. Vielleicht sollte man überhaupt nichts erwarten, schließlich geschehen die schönsten Dinge völlig unerwartet.

Wenn man nicht länger versucht, alles kontrollieren zu wollen, ohne Reue.

Wenn man sich verhaspelt und alles andere vergisst – das Lächeln und die vorgefertigten Sätze; die Tränen und die Klagen.

Aber wie hört man auf, alles kontrollieren zu wollen? Wie wartet man ab, bis irgendetwas passiert?

Der andere ist nie genau so, wie wir ihn uns wünschen. Er ist immer anders als in den Träumen, die wir in uns tragen. In den schönen Geschichten, die wir als Kinder so gern hatten und die uns hinwegtrösten sollten über all das, was wir nicht besaßen und dessen Fehlen wir so tief bedauerten.

Dabei nutzt es in der Liebe gar nichts, sich zu beklagen. Im Gegenteil. Klagen sind wie ein Gefängnis.

Wie damals, als wir klein waren und dachten, Liebe sei etwas, das man sich verdienen muss. Und dass es genügte, »brav und nett« zu sein, damit Mama uns anlächelt, damit Papa uns übers Haar streicht, damit die Lehrerin uns einen Belohnungsstempel ins Heft macht und damit unser Schutzengel uns in der Nacht im Arm hält.

Klagen führen nie zu etwas. Im Gegenteil.

Sie hindern uns daran, zu verstehen, dass wir, um lieben zu können, das Risiko eingehen müssen, uns nicht mit dem Offensichtlichen zufriedenzugeben. Bevor wir dann entdecken, dass nichts im Leben offensichtlich ist.

Mittlerweile weiß ich es, ich habe es verstanden, ich sage es noch einmal.

Er ist sinnlos, Liebe einfordern zu wollen.

Selbst wenn das Herz ins Stocken gerät. Weil er nicht da ist. Oder er ist da, hört aber nicht zu. Oder er hört zu, versteht es aber nicht.

»Der Himmel ist nicht genug, auch der Mond nicht oder die Erde. Nur deine Liebe zählt«, sagt die Prinzessin im Märchen, während er sich anschickt, sie zu verlassen.

»Ich habe nie aufgehört, dich zu lieben«, antwortet der edle und kühne Ritter, bevor er sie verlässt.

»Wie kann ein einziger Felsen das Meer eindämmen?«

Dass er immer wieder zurückkehrt, geschieht nur im Märchen. Nur in den Träumen ist die Liebe schlüssig.

Selbst wenn die Kohärenz sich oft in ein erdrückendes Gefängnis verwandelt.

Mit der Liebe ist es immer das gleiche Problem: Idealisiert man sie, dann verrät man sie, geht man ihr ins Netz, verfängt man sich darin.

Es gibt keine Worte, sie zu beschreiben.

Und auch nicht den Wunsch, sich ihrem Sog entgegenzustemmen.

Intermezzo Nr. 1

Unbewusst hat die Seele es satt, zu leben, ohne zu lieben, wider Willen lässt sie sich von dem Beispiele der anderen Frauen überzeugen, überwindet alle Besorgnisse, gibt sich mit dem traurigen Glücke des Stolzes nicht zufrieden und erschafft sich, ohne es zu merken, ein ideales Musterbild. Dann begegnet sie eines Tages einem Wesen, das diesem Bilde ähnlich sieht; die Kristallisation erkennt ihren Gegenstand an der Verwirrung, die er einflößt, und sie weiht für immer dem Meister ihres Schicksals, was sie seit Langem träumte.

Stendhal, *Über die Liebe*

Mit Stendhal verwandelt sich die Geschichte vom Märchenprinzen in eine Theorie: die Theorie der Kristallisation. Laut dieser Theorie geht es, wenn ein Mensch sich verliebt, niemals um eine Person aus Fleisch und Blut, sondern einzig und allein um ein Ideal.

Wenn man sich verliebt – »in die Liebe fällt« *(tombe amoureux),* wie man im Französischen sagt, denn in dieser Sprache fällt man immer in etwas, auch wenn man krank wird *(tombe malade)* oder schwanger *(tombe enceinte)*, man fällt also in die Liebe, man fällt und steht wieder auf, zumindest solange man noch die Kraft dazu hat –, dann nur, weil der Liebende das geliebte Wesen durch das verzerrende Prisma seines eigenen Begehrens sieht: alles, was man gerne hätte, was man aber nicht hat; alles, was uns glücklich machen könnte, woran es uns aber mangelt.

Selbst wenn das Liebesversprechen sich nie erfüllt. Im Übrigen: Jedes Mal, wenn das der Fall zu sein scheint, werden wir zu wortkargen und unzufriedenen Wesen.

In der Liebe gibt es nur das Unmögliche und das Unerreichbare. Durch die Liebe geraten wir in Gefahr, die Tragödie des Lebensüberdrusses erleiden zu müssen.

Wenn wir lieben, wird unsere Fantasie angestoßen: Lieben bedeutet, dem Objekt unserer Leidenschaften alle nur denkbaren Vollkommenheiten anzudichten. Talente und Eigenschaften, die der andere in Wahrheit gar nicht besitzt. Bei der Kristallisation geht es definitionsgemäß nicht darum, wer oder was der andere ist, sondern nur darum, was er sein sollte. Ein Edelstein mit vielen glänzenden Eigenschaften. Selbst wenn es sich nur um ein einfaches, bestoßenes Stück Glas handelt.

Durch die Kristallisation erscheint der andere uns als vollkommen, ganz wie der Märchenprinz, verwandelt durch eine blinde Leidenschaft, die selbst die belanglosesten Details in einzigartige und erhabene Wesensmerkmale umwandelt.

Stendhal schreibt: »Die Liebe ist wie das Fieber, sie entsteht und erlischt, ohne dass der Wille daran den geringsten Anteil hat. Dies ist einer der Hauptunterschiede zwischen der Liebe aus Geschmack und der Liebe aus Leidenschaft, und man kann sich über die guten Eigenschaften des geliebten Wesens nur freuen als über einen glücklichen Zufall.«

Doch wenn die Liebe nichts anderes ist als eine eingebildete Leidenschaft, was bleibt von ihr übrig, wenn wir erst einmal erreicht haben, wonach wir uns sehnten? Wie sollte uns nicht die Enttäuschung übermannen, wenn wir den anderen plötzlich so sehen, wie er ist?

Wäre die Liebe einzig und allein eine Frucht unserer Idealisierung, wie Stendhal glaubte, würde sie die Konfrontation mit der Wirklichkeit nicht überdauern. Sie würde verschwinden, sobald die Maske fällt, und an der Banalität der Realität zerbrechen wie ein zersplitterndes Kristallglas: Er, der immer alles wusste und niemals zögerte, jetzt ist er wie gelähmt und erinnert sich nicht einmal mehr an meine Lieblingsfarbe. Und welche Blumen sind mir die allerliebsten? Nein, doch nicht weiße Rosen! Die machten meiner Mama solche Freude, wenn ich ihr am Sonntagmorgen nach der Messe auf dem Heimweg welche kaufte. Nein, Mimosen auch nicht! Das waren meine Lieblingsblumen, als ich noch ein Kind war und sie immer in der kleinen Grünanlage auf dem Platz pflücken ging.

Solange der andere uns nicht verlässt, idealisieren wir ihn notgedrungen in einer weiteren Kristallisation.

Aber es ist nicht die Liebe, die den anderen verklärt. Es ist unsere Unfähigkeit, eine Person so zu sehen, wie sie ist, was uns der Realität gegenüber blind und taub macht.

Als ob der andere gezwungenermaßen unseren Erwartungen entsprechen und sich in das Idealbild der Liebe verwandeln müsste.

Und wenn der andere genau das war: eben »anders«? Und wenn auch wir »anders« waren als das ideale Modell, das wir entworfen haben?

Die Liebe ist keine Krankheit, die unabhängig vom Willen entsteht und vergeht. Sie ist nicht einmal ein Traum, genährt von der Fantasie und den Erinnerungen. Sie ist kein Wahnsinn, der vorübergeht, sobald wir unsere Rechnung mit der Realität beglichen haben.

Was vergeht, das ist die Illusion. Dieses Zauberschloss, in dem »sie« und »er« nicht einmal miteinander sprechen müssen, um sich zu verstehen, weil ein Blick genügt, um die Wünsche des anderen zu erkennen, und eine einzige Geste, um sie zu erfüllen.

Dieser goldene Käfig, in dem es immer für alles eine Erklärung gibt, der uns aber trotzdem den bitteren Nachgeschmack der Unzufriedenheit hinterlässt.

Wie Solal und Ariane in *Die Schöne des Herrn*: »In der Mausefalle der Liebe, lebenslänglich zur Zwangsarbeit der Liebe verurteilt, lagen sie nebeneinander, schön, zärtlich, liebend und ohne Ziel. Ohne Ziel. Was tun, um diese Erstarrung zu lieben?« Nicht die Liebe lässt Ariane und Solal im Stich: Die Liebe wächst immer mehr, jeden Tag, jeden Augenblick. Doch was dahinschwindet, wenn man sich auf diese Weise einsperrt, das ist der Lebenswille selbst.

Wie sollte man etwas begehren, wenn all unsere Wünsche zu Befehlen geworden sind? Wie kann man etwas anderes sein als das, was der andere von uns erwartet, wenn er uns doch gerade deswegen liebt, weil wir uns seinem Willen unterwerfen?

Die Liebe, die wahre Liebe, ist das Ergebnis eines beständigen Hin und Her zwischen Fantasie und Wirklichkeit. Auf den anderen zugehen, kurz bevor er sich entfernt. Eine Präsenz, die ihn nicht daran hindern kann, manchmal abwesend zu sein.

Noch in der größten Liebe gibt es viele Schattenbereiche, die niemals erhellt werden können.

Es gibt keine Liebe ohne Ungewissheiten. Und Ungewissheiten sind das Gegenteil der Kristallisation.

Nur ein Ideal ist starr. Aber was sich nie wandelt, das existiert auch nicht. Deshalb ist Stendhals Liebe unerreichbar und traurig.

Er wünschte sich Stabilität, während das Leben eine einzige Bewegung ist. Er wünschte sich Vollkommenheit, während die Existenz aus Zweifeln, Kompromissen und Unzufriedenheit besteht.

5

Eine verrückte und
unberechenbare Frau

Wenn ich versuche, die Eigenschaften aufzulisten, die Jacques damals besaß, als wir uns kennenlernten, geht die Rechnung einfach nicht auf. Er hatte keinerlei Ähnlichkeit mit den Männern, in die ich mich früher verliebt hatte.

Es zog mir nicht den Boden unter den Füßen weg, als ich ihn das erste Mal sah, zwischen uns tat sich kein Abgrund des Schmerzes oder der Zärtlichkeit auf – was für mich damals ein und dasselbe war. Er gab mir nicht das Gefühl, dass es da einen Platz gab, den ich nach und nach einnehmen könnte, wenn ich nur die Geduld aufbrächte zu warten, bis die Zeit ihr Werk tun würde, ohne allzu viel zu verlangen. So wie wir von Hoffnung erfüllt sind, wenn wir glauben möchten, wir hätten die »richtige« Person gefunden und müssten uns nur ein bisschen Mühe geben, um ihre Liebe zu erringen. Ein kleines bisschen Mühe, und noch ein bisschen mehr, und dann noch ein bisschen ...

Aber ich schweife mal wieder vom Thema ab. Wie immer, wenn ich von Jacques spreche. Zumal er sich ja gar nicht die Maske des Märchenprinzen aufgesetzt hatte und auch nicht versuchte, sich als jemand darzustellen, der er nicht war.

Ich selbst hatte ihm unverzüglich eine solche verpasst, indem ich dafür sorgte, dass der ewig gleiche Ablauf gewahrt blieb.

Leidenschaft. Enttäuschung. Verlassenwerden.

Ganz wie in Stendhals Erläuterungen. Denn wenn man der Leidenschaft erliegt, zerspringt die Kristallisation in tausend Scherben. Dann kommt es zur überstürzten Flucht. Gefolgt von einer endlosen Prozession aus Schuldgefühlen und Verzweiflung.

In Wirklichkeit waren schon einige Zutaten beisammen – denn Jacques ist nicht nur ein stets lächelnder Mann mit guten Manieren, wie alle glauben, nachdem sie ihm zum ersten Mal begegnet sind. Jacques ist auch ein Mann der Unabhängigkeit und Gleichgültigkeit, vor allem, wenn er den Verdacht hat, er müsse vielleicht leiden, und das ließe sich nur verhindern, indem er dafür sorgt, dass nichts ihn wirklich berührt. Jacques ist auch ein Mann der Ironie und des Sarkasmus – ein Sarkasmus à la française, der mich völlig sprachlos macht. Wie kann man nur über gewisse Dinge lachen?

Aber im Grunde war das Problem ein anderes. Es sei

denn, ich wollte ein Gefühl der Verwirrung aufrechterhalten. Jacques ist einfach so. Und ich werde ihn ganz bestimmt nicht ändern können.

Das eigentliche Problem war ich selbst. Denn nur die Verbissenheit, mit der ich dafür sorgte, dass die Dinge sich wiederholten, ist eine Erklärung dafür, dass auch mit ihm alles zu scheitern drohte.

»Wir brauchen nicht miteinander zu telefonieren. Es ist sinnlos, so viel Geld auszugeben.«

Er wollte nach Griechenland fahren. Eine dreiwöchige Reise, von langer Hand geplant. Die für mich aber zu früh kam.

»Wie das? Wieso brauchen wir das nicht?«, fragte ich voller Angst. Ich war bereits überzeugt, dass er in Griechenland nicht mehr an mich denken, dort eine andere Frau kennenlernen, mich aus seinem Leben streichen würde.

»Na ja, wir sehen uns doch dann, sobald ich wieder zurück bin, oder?«, antwortete er und tat so, als hätte er mein Problem nicht verstanden.

»Und ich? Was mache ich?«

Wieso begreift er nicht, dass alles weg ist, sobald zwischen uns Schweigen herrscht, dass die Liebe mit der Abwesenheit erlischt, dass nichts der Zeit und der Distanz standhält. Wieso sieht er nicht, dass die Liebe eine Leere hinterlässt, die nicht gefüllt werden kann?

»Ja, sag mal, bist du jetzt völlig verrückt geworden?«

Ja, ein bisschen schon. Verrückt und unberechenbar. Vor allem, wenn der Mann, den ich liebe, nicht auf meine Fragen antwortet. Sich von mir entfernt. So tut, als nähme er meine Ängste gar nicht wahr.

Irgendetwas stimmt nicht mit mir. Irgendetwas ist da verkorkst. Da ist was in mir kaputt, beschädigt, verrostet. Da gibt es einen Fabrikationsfehler.

Ein loses Teil in mir, das klappert und mir wehtut und das ich nicht wieder loswerde, sosehr ich mich auch bemühe, weil dieser Mangel an Vertrauen einfach nicht zu erklären ist, so wenig wie mein Bedürfnis, mich ständig zu vergewissern – das ist völlig aberwitzig!

Heute weiß ich, dass der Mann, den ich liebe, immer an meiner Seite ist, auch wenn er nicht auf meine SMS und mein Gejammer antwortet. Selbst wenn er mich abweist.

Später spricht er mir dann eine Nachricht auf die Mailbox, um mir zu sagen, dass er mich sehr liebt, wirklich sehr, du weißt doch, wie sehr ich dich liebe, nicht wahr?

Nur, wenn er mir keine Nachricht hinterlässt, liebt er mich dann trotzdem?

Was wir erlebt haben, begleitet uns ein Leben lang, und oft – nur allzu oft – determiniert es uns, trotz aller Anstrengungen, die wir unternehmen, um aus diesem Teufelskreis der Wiederholung auszubrechen.

Sicher, man kann auch Abstand gewinnen und anders reagieren. Denn nicht alle Beziehungen enden auf die gleiche Weise. Und manchmal erfahren wir durch genau einen

Menschen, der uns nahekommt, ohne diese Maske zu tragen, was Liebe ist. Mit all ihrem Charme und ihren Unvollkommenheiten. Mit ihrer Kraft und ihrem Hang zum Unvollendeten.

Aber wenn er nun seine Maske nur für ein paar Augenblicke heruntergenommen hat? Wenn auch er mich betrügt, mich verlässt, mich aus seinem Leben verbannt?

6

Was uns
beschäftigt

»Noch ein Buch über die Liebe? Ich bitte dich, schreib etwas anderes! Außerdem, was soll das sein, ein Buch über die Liebe? Ein Roman? Ein Essay?«

Man sollte nie mit seinen Freunden über ein Buchprojekt sprechen, wenn man noch nicht mit dem Schreiben begonnen hat. Ihre Einwände rauben uns am Ende noch den Mut zum Weitermachen. Zumal sie ja vielleicht recht haben. Was will ich denn darüber schreiben?

»Ich würde gerne, ausgehend von meinem eigenen Leben, zeigen, dass die meisten unserer Handlungen von der Liebe diktiert sind. Vor allem, wenn wir glauben, es sei zu spät. Oder zu kompliziert. Und dass alles anders gekommen wäre, wenn ich nur gewusst hätte, wie ich es ihm sagen soll, wenn ich die rechten Worte gefunden hätte, wenn ich alles hätte erklären können.«

»Noch ein Buch über dich? Kannst du denn über nichts anderes schreiben?«

Jetzt ärgere ich mich dann doch. Für wen halten die sich eigentlich?

Ich denke gründlich nach. Und dann entscheide ich mich für einen Kompromiss.

»Man kann nicht über die Liebe sprechen, ohne von sich selbst auszugehen, von dem, was uns beschäftigt und was uns prägt. Und was Freud das Unbewusste genannt hat. Es erinnert sich an das, was wir erlebt und durchlitten haben, an die Momente, in denen wir in die Irre gegangen sind. Auch wenn wir mit Gefühlen vorsichtig umgehen müssen. Denn wenn wir zu viel darüber reden, werden wir leer. Und dann bleibt uns nichts mehr. Nichts, das wir an uns drücken können, wenn es Nacht wird und wir das Bedürfnis haben, uns auf diesen harten Kern zu stützen, der uns Halt gibt. Nichts, was wir dem anderen geben könnten.

»Noch eine Geschichte über die unmögliche Liebe?«

»Nein, vielmehr die Geschichte der Liebe, die wir sind und die wir in uns tragen. Wir lieben, wenn wir schenken, wenn wir empfangen, wenn wir die eine Tür zumachen und gleich darauf eine andere öffnen. Wir fühlen diese Liebe, wenn wir aufhören, gegen den Schmerz anzukämpfen, weil wir ihn gerne auslöschen würden. Diese Liebe, die unser Herz erfüllt und die ein Teil von uns ist, ebenso wie der Schmerz.«

»Aber dann läuft man Gefahr, dass am Ende nur eine schwache und mittelmäßige Abhandlung dabei herauskommt.«

Das stimmt. Sie haben ja recht. Teilweise jedenfalls.

Denn es gibt so unendlich viele Bücher, die von der Liebe handeln! Geht es in den meisten nicht sowieso nur um das, was ohnehin schon längst gesagt und geschrieben wurde, indem einmal mehr der ewige Unterschied zwischen *Eros*, *Philia* und *Agape* erörtert wird?

Als müsste man uns eigens daran erinnern, dass die erotische Liebe mit Freundschaft nichts zu tun hat, dass eine Leidenschaft sich als zerstörerisch erweisen kann, dass die Nächstenliebe alles erträgt und keinen Neid empfindet…

Gut, und was weiter? Sollte die Philosophie uns nichts anderes lehren können? Wie soll man die richtigen Worte finden dafür, dass die Liebe das einzige Risiko ist, das sich lohnt, weil man sich, wenn man ihr aus dem Weg geht oder sie leugnet, in ein inneres Exil einsperrt und ziellos durchs Leben irrt? Wie soll man von der zarten Bitterkeit eines Wunschs erzählen, der auf der Suche nach sich selbst ist, ohne jemals genau zu wissen, für wen man in Verzweiflung gerät und sich auflöst?

Das Problem ist, dass es in der Liebe nichts Augenfälliges gibt. Hinter dem Einfachen verbirgt sich das Komplexe. Und nur die augenscheinliche Komplexität ist falsch oder irreführend.

Liebe hat wenig mit Theorie zu tun, im Grunde überhaupt nichts. Auch nicht, wenn es darum geht, die Beziehung zwischen dem »objektiven Mangel des Bedürfnisses« und der »subjektiven Forderung des Begehrens« zu erklären, wie Jacques Lacan sagen würde: Die geliebte Person gleicht nicht einem Stück Brot oder einem Glas Wasser, nach denen es uns gelüstet, wenn wir Hunger haben oder Durst; sie ist nicht austauschbar wie die Dinge und die Objekte; sie ist einzigartig und besonders, trotz ihrer vielen Fehler, sie ist manchmal unerträglich und immer unzulänglich.

Gut, und weiter? Haben wir vielleicht einfach noch nicht verstanden, dass uns, wenn wir zu viele Worte verschwenden, auch das Leben davonfliegt? Und dass die Worte nicht austauschbar sind? Vor allem nicht, wenn wir von der Liebe sprechen?

Jeder von uns trägt ein Geheimnis in sich. Und bringt sein Leben damit zu, um dieses Geheimnis herumzuschleichen.

Manchmal spricht man darüber. Manchmal gibt man es preis. Manchmal leugnen wir es. Trotzdem ist da immer dieses Geheimnis, das erklärt, warum wir gerade dieses Leben leben. Außer vielleicht bei den Nichtsnutzen. Sie posieren vor einem bunten Spiegel, als läge darin schon die ganze Wahrheit und als bräuchte man sie nur anzuschauen, und schon würde man alles verstehen.

Die Liebe ist letztlich dieses Geheimnis, das wir in uns tragen. Schlicht und eindeutig wie ein Papierherz, das man sich an die Brust heftet.

Wie groß ist die Zärtlichkeit, die mir die Kehle zuschnürt, wenn ich mir ansehe, wie stur mein Vater noch immer ist – die gleichen Sätze, der gleiche Blick, nur durch die Jahre etwas getrübt. Wie groß ist mein Schmerz, wenn ich sehe, wie er leidet, und ich ganz genau weiß, dass ich nichts dagegen tun kann. Dieser Waffenstillstand nach der Schlacht, wenn ich ihm verzeihe, dass er mich damals, als er mich hätte beschützen sollen, nicht unterstützt hat.

Momente der Freude, die wir gerne festhalten würden, bevor sie sich vor unseren Augen wieder verflüchtigen und wir in unser Tagebuch schreiben, wie absurd es doch sei zu behaupten, die Freude währe länger als nur einen Augenblick. Und dann begreift man, dass gerade das die Freude ausmacht: dass sie nicht ewig währt.

Auch wenn wir, um das zu erkennen, vielleicht das Risiko eingehen müssen, einmal mehr zu lieben. Und dabei zu akzeptieren, dass ein Abgrund uns vom anderen trennt.

7

Es gelingt mir nicht,
ihn loszulassen

Ich schaffe es nicht, ihn loszulassen. Dabei bräuchte es gar nicht viel dazu. Wirklich nicht. Wieso schaffe ich es dann nicht? Jetzt reicht's aber, zum Kuckuck, was stell ich mich bloß so an! Ich tu's einfach. Ich lächle ihn an, drehe mich um, und dann gehe ich die Treppe hinunter zur Metro.

Ich tu's einfach. Ich sage ihm Auf Wiedersehen, fahre ihm zärtlich übers Gesicht und laufe weg.

Das ist eigentlich gar nicht schwierig, ein Klacks.

Nur schaffe ich es nicht.

Ich bleibe wie versteinert stehen. Meine Hände in sein Hemd verkrallt. Während er mich verständnislos ansieht. Ich solle doch ein bisschen schneller machen. Sonst verpasse er noch sein Flugzeug.

Bevor Jacques mir über den Weg lief, hatte ich oft die Rolle der Geliebten. Das war einfacher, ich machte mir wenigstens keine Illusionen. Ich wusste ja schon, dass es nicht für die Ewigkeit gemacht war. Verheiratete Männer – und falls einige sich in der Hinsicht noch Illusionen machen sollten, täten sie besser daran, so schnell wie möglich die Finger von ihnen zu lassen, ehe es zu spät ist – verlassen niemals ihre Frauen. Im Grunde ihres Herzens lieben sie sie immer noch. Selbst wenn sie das Gegenteil beteuern. Vielleicht fühlen sie sich auf diese Art weniger schuldig. Oder aber sie glauben selbst daran. Sie sind so egoistisch, dass sie alles haben wollen: uns, die andere, die Leidenschaft, die Zuneigung, das gemachte Bett, die Grenzüberschreitung, den Frieden, die Kinder, das Haus am Meer, die Wochenenden im Hotel... Und jedes Mal, wenn man sie auffordert, sich zu entscheiden, flehen sie uns an zu bleiben, weil sie uns brauchen. Aber sie halten uns niemals zurück, wenn wir uns dazu durchringen, endgültig zu gehen.

Im Lauf der Jahre bin ich zur Expertin geworden. Sich auf nichts einlassen, nichts erwarten, nichts verzeihen. Und dabei so tun, als wäre man eine Frau, die niemanden mehr braucht. Die Angst fest verschlossen im Grunde des Herzens, weil die Liebe letztlich nur eine Lüge war.

Daran denke ich wieder, als ich mich in sein Hemd kralle und ihn nicht mehr loslasse. Und langsam die Tränen kullern. Ganz von allein. Schmerzlos. Die ferne Erinnerung an mich als Kind. Als meine Mutter ins Krankenhaus gebracht wurde, während ich schlief. Als ich für mehrere Wochen allein blieb.

Ich war erst anderthalb Jahre alt, und irgendetwas in mir ging für immer kaputt. Irgendetwas, an das ich nur eine vage Erinnerung habe. Wie eine offene Wunde quer durchs Herz. Dass sie mich allein gelassen hat, das war meine Schuld, nicht wahr? Ich war böse gewesen. Das musste der Grund sein. Böse. Ich war böse!

»Das reicht jetzt aber, mach doch nicht so ein Theater.« Ich lächle ihn an, drehe mich um und gehe die Stufen zur Metro hinunter.

Ich sage mir das ganz mechanisch vor. Ich fühle mich lächerlich. Aber ich schaffe es einfach nicht, ihn loszulassen.

Was ist nur los mit mir? Warum mache ich nicht, was ich immer gemacht habe? Warum denke ich nicht an etwas anderes? Warum klammere ich mich an ihn, als hätte ich nur noch anderthalb Jahre zu leben? Warum kann ich mir nicht sagen, dass das nicht von Bedeutung ist, dass ich auf jeden Fall einen anderen kennenlernen werde, dass ich nichts und niemanden brauche?

Ich fühle mich lächerlich und ärgere mich über mich selbst. Aber diesmal nutzt es gar nichts. Etwas in mir hat sich geöffnet, und all meine Bemühungen sind vergebens.

»Du hast dich doch nicht etwa verliebt? Hatten wir nicht gesagt, mit der Liebe seien wir für immer fertig?«

8

Alles beginnt
mit dem Verlust

Wenn die Liebe zuschlägt, dann ist das nicht unser Verdienst. Sie kommt erst, wenn wir verstanden haben, dass das Leben aus kleinen Nichtigkeiten besteht. Aus einem Lächeln zum Abschied, wenn wir aus dem Haus gehen. Aus einem Satz, der uns in der Nacht ins Ohr geflüstert wird. Einer Geste, mit der wir nicht gerechnet haben.

Und wir dann die Flucht ergreifen, weg, nur weg. Weil das schon zu viel ist.

Zu überwältigend. Zu spät.

Weil es schon zu viel ist, noch bevor alles angefangen hat.

Die Liebe kennt weder Haben noch Soll. Sie ist gemacht aus vielen Fehlern, die nie wiedergutgemacht werden. Aber auch aus der Freiheit, unser Leid in etwas anderes zu verwandeln.

Damit wir wieder neu lieben können, nachdem wir eingesehen haben, dass es keine Liebe ohne Kompromisse gibt. Dass der andere uns niemals ganz gehören wird. Dass wir niemals wirklich wissen werden, was wir durch den anderen wieder heil machen wollen.

Hinter der Liebe verbirgt sich immer das verzweifelte Bedürfnis, eine andere Erfahrung zu wiederholen. Manchmal auch der Drang, die gleichen Fehler noch einmal zu machen. Wie eine Vergangenheitsaustreibung.

Immer und immer wieder dieselbe Rolle zu spielen. Selbst wenn man keine Lust mehr hat zu leiden und sich so sehr wünschte, die Dinge würden anders ablaufen, zumindest dieses eine Mal.

Aber die Liebe ist irreversibel. Man kann nie den Rückwärtsgang einlegen und wieder bei null anfangen.

Man kann nur lernen, mit dem zu leben, was geschehen ist und was unsere Welt für immer verändert hat.

»Du bist leidende Erde und schweigst«, schrieb Pavese, »du schauderst, bist müde, hast Worte – du gehst in Erwartung.«

Das Warten. Genau das ist ihr Grundpfeiler.

Warten, auf den schmerzenden Punkt drücken und nicht mehr den geringsten Schmerz fühlen.

Darauf warten, diese Worte zu hören. Diese Worte und keine anderen.

Der Rest ist unnötig.

9

Fern ist der Mensch,
der mir nah

In drei Wochen kommt er zurück – los, komm zurück!
Wann kommst du endlich wieder nach Hause? – Ich
werde ihn vom Flughafen abholen, und danach fahren
wir ganz weit weg. In drei Wochen kommt er zurück –
los, nun komm jetzt! Wann kommst du nur endlich wieder nach Hause? – Und am nächsten Tag gehen wir dann
zum Strand. Zum Ufer des Meeres, das Antwerpen und
Kopenhagen umspült und das sich kilometerweit zurück-
zieht, am Abend, wenn die Möwen in den Himmel auf-
fliegen. Baden ist unmöglich, dazu ist das Wasser zu kalt,
aber ein Feuer können wir machen, uns an den Wegrand
setzen und uns von unserer Kindheit und unseren Ängsten erzählen. Ja, ich weiß, er hat keine Angst, ich bin es,
die Angst hat. Aber er kann mir zuhören und so tun, als
hätte er Angst, kann mich in die Arme nehmen und ein

bisschen trösten und selbst ein wenig nachempfinden von meinem Schrecken ...

Doch als Jacques drei Wochen später aus Griechenland zurückkommt, machen wir keine Reise. Er sagt zu mir, wir wären vielleicht nicht ganz auf der gleichen Wellenlänge, eine weniger einengende Liebesbeziehung wäre ihm lieber, er sei nicht der Mann, nach dem ich suche, das habe er früher schon einmal versucht, das könne nicht gehen, und ich hätte etwas Besseres verdient ...

Ich sitze reglos da und sehe ihn an. Und beiße mir auf die Lippen, damit mir nicht die Tränen in die Augen schießen. Ich sehe ihn an, mit leerem Blick. Und sage mir, ich hab's ja gewusst, das hab ich schon erwartet, es ist immer die gleiche Geschichte, erst machen sie mir einen Haufen Versprechungen, und dann ist es nichts damit, versprechen mir erst das Blaue vom Himmel herunter und hauen dann ab.

Er sieht mich still an. Und mein Herz klopft wie wild. Sein Schweigen dauert eine Ewigkeit. Dann sage ich zu ihm, er habe ja recht. Wir würden uns besser nur sehen, wenn er das auch wolle. Das sei mir so ganz recht. Und es sei ja auch nicht so wichtig. Ich würde mich mit wenig zufriedengeben.

Aber warum hätte ich mich mit so wenig zufriedengeben sollen? Warum zählte ich wieder einmal nicht, warum war ich nichts wert, versank ich im Nichts?

»Entschuldige mal, aber wenn du nicht weißt, ob er nun bei dir übernachtet oder nicht, warum rufst du ihn dann nicht an?«

Francesca versteht nicht, worüber ich mich so aufrege. Als wir uns das letzte Mal sahen, war ich verliebt und glücklich. Es ging mir gut. Jacques auch. Alles war gut. Sicher, in letzter Zeit war er nicht so oft da gewesen, war mit Freunden ausgegangen, er lebte sein Leben, na und?

»Jedenfalls antwortet er nicht, wenn ich ihn anrufe.«

»Vielleicht hat er zu tun.«

»Ich antworte ihm immer.«

»Das solltest du nicht.«

»Er hat sich verändert.«

»Jeder verändert sich.«

»Wenn ich ihm etwas bedeuten würde, wäre er hier.«

»Wenn er dich immer an der Backe hat, ist es völlig normal, dass er ein bisschen Luft braucht!«

»Und wenn er bei einer anderen Frau ist?«

Francesca wird sauer. Ja, ob ich das denn nicht begreifen könne: Je mehr ich fordere, desto weniger kriege ich.

Ich wollte eine vollkommene Liebesbeziehung. Ohne Risse. Über alle Zweifel erhaben.

Und ich drehte durch. Erstickte damit sowohl seine als auch meine Liebe.

Denn es gibt keine Liebe ohne Missverständnisse. Und die tiefsten Beziehungen sind jene, die das Wechselspiel des Begehrens und die Vieldeutigkeit der Gefühle bereits hinter sich gelassen haben.

Wenn man liebt, dann akzeptiert man die dunkle Seite

des anderen. Man kann sich dem anderen nur dann vollkommen hingeben, wenn man verstanden hat, dass man sich niemals vollkommen hingeben kann, wie Georg Simmel sagt. Weil jeder von uns dunkle Bereiche in sich trägt, die er selbst nicht kennt.

Die Liebe ist nur das stille Versprechen, einander zu respektieren. Einander zu lieben, ohne wirklich zu wissen, warum. Einander zu lieben, weil man spürt, dass der andere da ist, auch wenn er weit weg ist.

Ich habe einige Zeit gebraucht, das zu akzeptieren. Und es ist fast ein Wunder, dass es Jacques gelungen ist, mich zu ertragen. Mit meinen Stimmungsschwankungen und meiner gelegentlich ein wenig aggressiven Art. Wenn ich meine Wut an ihm ausließ, wenn ich ihn anbrüllte, er solle doch abhauen, er sei unfähig, mich zu verstehen, unfähig, mich zu trösten, ein komplett unfähiger Mensch. Willst du etwa so früh schon nach Hause gehen? Schämst du dich nicht für das, was du da sagst?

Wer hätte das auch verstehen sollen? Selbst heute, wer könnte das verstehen? Wenn ich nachts nicht schlafen kann, weil Erinnerungen mich einholen – stundenlanges Warten, stundenlanges Beten, Stunden, die einfach nicht vorübergehen wollen, weil all die Gewalt, die uns angetan wurde, heraufgekrochen kommt, selbst wenn sie keine Spuren auf der Haut hinterlassen hat, weil sie sich in unserem Inneren ihren Weg bahnt und Pflaster und Verbände nichts nützen, denn die Wunde sitzt in uns selbst...

Intermezzo Nr. 2

Alle diese Erfahrungen kristallisieren sich und gehen ein in die Erfahrung: Ich werde geliebt. *Ich werde geliebt, weil ich hilflos bin, ich werde geliebt, weil ich schön und bewundernswert bin [...] Ich brauche nichts dazu zu tun, um geliebt zu werden, Mutterliebe ist keinen Bedingungen unterworfen. Alles, was ich tun muss, ist* zu sein, *ihr Kind zu sein. Die Liebe der Mutter bedeutet Seligkeit, sie bedeutet Frieden, man braucht sie nicht erst zu erwerben, man braucht sie sich nicht zu verdienen. [...] Sie braucht nicht nur nicht verdient zu werden −* sie kann *auch* nicht erworben, *erzeugt* oder unter Kontrolle gehalten *werden. Ist sie vorhanden, so ist sie ein Segen; ist sie nicht vorhanden, so ist es, als ob alle Schönheit aus dem Leben verschwunden wäre, und ich kann nichts tun, um sie hervorzurufen.*

Erich Fromm, *Die Kunst des Liebens*

In unseren ersten Lebensjahren spielt sich das Leben fast immer so ab. Wenn wir noch nichts über die Welt und uns selbst wissen und uns blind auf die anderen verlassen. Wir sind abhängig von ihnen. Unser Vertrauen ist total.

Was könnte es noch geben außer ihrem Blick? Was könnte noch zählen, wo doch all unsere Freude hier ist, in ihren Armen, und alles gut ist, weil wir alles haben und alles sind?

Die Welt der Kindheit ist winzig klein. Wir entdecken das Leben durch den Blick unserer Eltern. Sehen es durch ihre Augen. Die Farben, die Gerüche, die Emotionen.
Eine gespiegelte Existenz.
Über die Worte und die Zärtlichkeiten, die uns das Leben erzählen, akzeptieren wir alles, ganz gleich, was. Und wir haben Vertrauen, selbst wenn die Welt, von der man uns erzählt, nur von freudlosen Monstern bevölkert wird.

Wir haben Vertrauen, weil wir gar keine andere Wahl haben. Was uns erzählt wird, stellt unser gesamtes Wissen dar. Es ist alles, was wir von der Liebe wissen und was wir später im Leben zu wiederholen und nachzumachen versuchen.
Nicht dass die Welt wirklich winzig wäre. Aber letztlich ist es einfacher, etwas nachzumachen, was man bereits kennt.

Das Problem mit der Liebe ist nicht, dass sie bedingungslos wäre. Sondern dass sie das oftmals nicht ist, obwohl sie es sein sollte. Denn manches geschieht nur selten. Und vielleicht weiß niemand, was es heißt, ausschließlich geliebt zu werden für das, was man ist. Geliebt zu werden, nur weil man ist.
Geliebt. Und sonst nichts.

Wer kann sich rühmen, diese Liebe wirklich gekannt zu haben? Wer kann behaupten, sie erlebt, verstanden, ausprobiert zu haben?

Nicht dass unsere Eltern uns nicht geliebt hätten. Eltern lieben fast immer ihre Kinder – es ist unsinnig, die Hände vors Gesicht zu schlagen, denn es gibt auch Kinder, die nicht geliebt werden, die keine Wunschkinder sind, die nicht gewollt sind; es gibt viele Menschen, die ihr ganzes Leben lang versuchen, die Trauer über nie erhaltene Zärtlichkeiten zu bewältigen, nicht zu resignieren. Es abzustreiten, zu sublimieren.

Wenn sie aber lieben, dann allerdings auf eine schlechte Art. Alle. Ausnahmslos alle.

Glaubt man an Märchen, dann nur, weil wir die Helden der ersten Fabeln gewesen sind, die man uns erzählt hat. Ganz kleine Helden. Klein wie die Welt der Kindheit. Wenn es uns am Herzen lag, zu wissen, dass die Liebe unserer Mutter grenzenlos war, dass nichts ihr etwas hätte anhaben können, dass sie uns sehr, wirklich sehr, sehr lieb hatte – du weißt, wie lieb ich dich hab, nicht wahr?

Aber das ist nur eine Fiktion. Selbst wenn unsere Eltern uns so sehr lieben. Denn auch sie haben ihre Narben, und sie lieben uns so, wie sie es vermögen, und manchmal können sie es auch nicht, und manchmal lieben sie uns für das, was wir vollbringen könnten, damit wir eine Leere füllen, weil wir vielleicht in Dingen Erfolg haben könnten, in denen sie gescheitert sind.

Das ist das Drama, wenn wir »zu wenig Liebe« bekommen. Zu wenig von dieser Liebe, um die wir uns bemühen und die wir uns verdienen wollen – um jeden Preis. Indem wir versuchen, den Erwartungen zu entsprechen, und unser Bestes tun, uns den Wünschen des anderen anzupassen. Indem wir die Person, die wir waren, und die Gefühle, die wir empfanden, unterdrückten, weil man das nicht machte, weil man das nicht sagte, weil man das nicht einmal denken durfte.

Bis wir dann begriffen, dass wir uns noch so sehr anstrengen konnten, es ging einfach nicht, es reichte nicht, man konnte es immer noch besser machen... Und dann fing man wieder von vorn an. Aber es funktioniert von Anfang an nicht. Und so geht es immer weiter. Bis zur Erschöpfung. Ganz wie F. Scott Fitzgerald es beschreibt: »So kämpfen wir weiter, wie Boote gegen den Strom, und unablässig treibt es uns zurück in die Vergangenheit.«

Fehlt es an Liebe und Anerkennung, ist das eine brutale Sache, die uns viel zu früh trifft und die alles überschattet. Denn wenn man klein ist, hat man ja noch nicht die Mittel, sich zu verteidigen. Manchmal findet man nicht einmal Worte für das, was einem da widerfährt.

Es sei denn, man unternimmt eine übermenschliche Anstrengung, alles infrage zu stellen und wieder von vorn anzufangen. In dem Wissen, dass der andere nichts von unserer Vergangenheit wiedergutmachen kann.

Der andere kann uns niemals dabei helfen, »das Geisterhaus, das wir sind, von seinen Gespenstern zu befreien«, wie Anne Dufourmantelle schreibt. Dieses Haus, »in dem Klagen herumspuken, von denen man nicht einmal weiß, wem sie gehören, die wir aber zu den unseren gemacht haben«. Im Gegenteil. Oft werden unsere Ängste durch den anderen wieder zum Leben erweckt. All die Ängste, die sich in einem Winkel unseres Wesens versteckt hatten.

Die Angst vor dem Urteil unseres Vaters. Die Angst, unsere Mutter könnte uns verlassen. Die Angst, den Erwartungen der anderen nicht zu entsprechen. Das Gefühl der Nutzlosigkeit. Der Wunsch, es besser zu machen, und die Unmöglichkeit, das zu erreichen. Die Vergebung, die einem nie gewährt wird …

Hinter der Liebe versteckt sich ein unbekanntes Land. In dem ein reges Kommen und Gehen herrscht – die Gesichter Abwesender, Bruchstücke der Vergangenheit, Splitter der Gegenwart, unser Bild, das sich im Dunkel verliert. Das ist die Angst, der Spiegel könnte zerbrechen und wir selbst in tausend Scherben zerspringen; die Angst, ein anderer zu sein als man selbst.

Aber wenn »Ich ist ein anderer« gilt, wer bin ich dann wirklich?

Liebe ist erst dann möglich, wenn wir uns dessen bewusst sind, dass der andere gegen unsere Ängste machtlos ist. Und dass wir uns damit abfinden müssen.

Wir, und zwar wir allein, müssen den Mut finden, uns von unserer Vergangenheit zu lösen und aufzuhören, unser Leben zu opfern. Ohne unsere Zeit damit zu vertun, darauf zu hoffen, dass die Dinge eines Tages anders sein und unsere Dämonen uns nicht mehr verfolgen werden.

Sie werden immer da sein. Nichts ändert sich jemals. Selbst wenn alles bereits anders ist, sobald man sich mit seinen Erinnerungen versöhnt.

10

Nach der Vollkommenheit

In jener Zeit stritten Jacques und ich uns die ganze Zeit. Oder besser gesagt: Ich stritt mich die ganze Zeit mit ihm.

Ich seufzte verärgert. Ich regte mich auf. Ich brüllte rum.

Er schwieg und zuckte mit den Schultern. Dann blieb er reglos sitzen. Geradezu unerschütterlich. Stunde um Stunde.

So ist das immer mit Jacques. Wenn wir uns streiten, dann niemals zu zweit. Er setzt sich in eine Ecke und wartet ab, bis sich der Sturm verzogen hat. Setzt sich in eine Ecke und steckt ein. Setzt sich in eine Ecke und liebt mich trotzdem.

Ich habe noch nicht verstanden, wie er das hinbekommt, dass er mein Geschrei an sich abprallen lässt und mir dann mit einer zärtlichen Geste begegnet.

»Geh weg!«

»Jetzt mach aber mal einen Punkt, und nachher geht es dir dann schlecht. Du weißt ja gar nicht, was du redest.«

Sicherheitsabstand. Wenn es so ist, muss ich aufpassen. Um nicht loszuschreien wie eine Verrückte. Was würden die Nachbarn denken?

»Geh weg!«

»Hör aaauf!«

In jener Zeit stritten Jacques und ich uns die ganze Zeit. Und wir schliefen nicht mal mehr miteinander. Vielleicht weil wir uns nicht mehr liebten.

Das dachte ich, bevor mir klar wurde, dass ich wieder alles kaputt machen würde. Weil Zweifel und Unvollkommenheiten zur Liebe dazugehören. Ja, die Liebe nimmt überhaupt erst ihren Anfang mit Zweifeln und Unvollkommenheiten. Wenn man aufhört, die Gefühle zu idealisieren, und sich mit der Realität abfindet. Wenn man begreift, dass es nicht so schlimm ist, sich zu streiten.

Die Liebe ist stärker als Meinungsverschiedenheiten, und sie besteht weiter, auch im Streit. Sie wächst sogar noch. Eben weil das Ich die Freiheit besitzt, seinem Ärger Luft zu machen und zu widersprechen, frei von jeglicher Erwartung.

Die Liebe beginnt erst nach der Vollkommenheit. Wenn die Ordnung zerbricht und wir verstehen, dass wir wieder bei der Unordnung anfangen müssen.

Bei seiner Unfähigkeit, genau so zu sein, wie ich ihn gerne hätte.

Wenn er mir sagt, dass ich eine Tyrannin bin und keinen Widerspruch dulde.

Obwohl er weiß, dass das nicht stimmt.

Doch in dieser Zeit ertrug ich es nicht, wenn man mir widersprach. Ich dachte, in der Liebe müsse man immer einer Meinung sein und dass kritische Bemerkungen der Anfang vom Ende wären. Ich dachte, lieben bedeute, genau dieselben Dinge zu glauben und zu wollen. Wechselseitige Ergänzung und Verschmelzung.

Und mit Jacques habe ich dann begriffen, dass es um das Anderssein geht. Um das »Wir sind nicht aus demselben Holz geschnitzt«, mit dem man so schlecht umgehen kann. Denn es geschieht nie das, was wir erwarten.

Und man bringt seine Zeit damit zu, Dinge zu geben und zu bekommen, die man nicht hat und die man nicht haben will, wie Jacques Lacan sagte – noch so ein Jacques, und dabei heißt es doch immer, Vornamen hätten keine Bedeutung!

Das ist wie mit den Geschenken unterm Weihnachtsbaum. Ich konnte den anderen nie eingestehen, dass ich sie nicht mochte. Das kann ich bis heute nicht. Ich tue so, als gefielen sie mir, obwohl ich ganz genau weiß, dass ich nichts damit anfangen kann und dass sie auf dem Speicher verstauben werden oder mir meine Schubladen verstopfen.

Erst mit Jacques habe ich es begriffen: Wenn man einen Menschen liebt, dann liebt man ihn für das, was er ist, auch wenn er nicht genau so ist, wie wir ihn gerne hätten. Gerade weil man die Vergangenheit nicht umschreiben kann und weil der Moment kommt, in dem man mit der Kindheit abschließen muss – und damit auch mit der verzweifelten Suche nach dem Menschen, der uns geben könnte, was wir nicht bekommen haben.

Sonst verliert man auch das, was man hat, das, was schon da ist, wirklich, wahr und gegenwärtig. Wir rennen einem Ideal hinterher, das es nicht gibt, wir kämpfen bis zur Erschöpfung gegen unsere eigenen Gespenster und begreifen nicht, dass das, was wir bei uns selbst nicht annehmen können, genau das ist, was uns an den anderen am meisten stört.

Jacques liebt mich auch dann, wenn er nicht mit mir einverstanden ist.

Jacques liebt mich auch dann, wenn er mir widerspricht.

Jacques liebt mich auch dann, wenn ich ihm nicht freundlich antworte.

Jacques liebt mich immer. Weil er an mir hängt. Und zwar sehr. Du weißt, wie sehr ich an dir hänge, stimmt's?

Aber mich lieben, wie macht er das? Wie erträgt er mich? Mir fällt das selbst nicht leicht. Und ich verstehe nicht, wieso meine Gegenwart ihn beruhigt, wie er mir andauernd versichert. Angeblich weil ich den Dingen immer auf den Grund ginge. Weil ich die Fähigkeit besäße, in Worte zu fassen, was er empfindet. Weil er mit mir seinen Weg entdeckt habe.

Dabei hätte ich mich doch auf dem Weg verirrt ohne ihn. Wäre viel zu sehr damit beschäftigt gewesen, alles zu wollen und alles in Stücke zu reißen.

Und dann alles wieder ganz schnell zu verlieren.

Und zwar gründlich.

11

Liebe entzündet sich
an einer Kleinigkeit

Liebe entzündet sich an einer Kleinigkeit. An der besonderen Melodie einer Stimme oder an einem Duft, den wir
ganz genau kennen. An der Spur von etwas, das ganz tief
in uns versteckt ist. Und genau deshalb wird es uns nie ge-
lingen, Gründe für die Liebe zu finden.

Warum sie? Warum er?
Es gibt keine Vorboten. Nichts. Nur das Mysterium
einer Begegnung, die vielleicht längst stattgefunden hat.
Weil der andere die Chance verheißt, in ihm dieses Etwas
zu finden, auf das wir schon immer gewartet haben.
Die Chance auf ein Happy End. Geliebt zu werden für
das, was wir sind. Ohne Rivalität und ohne Drohung. Die
Liebe ist dieses »Eines Tages wirst du mich erkennen«, das
wir alle im Herzen tragen.

Warum er?

Es nützt nichts, sich etwas vorzumachen. Und sei die Versuchung noch so groß. Schluss jetzt mit diesen Rechtfertigungen, die doch nur dazu dienen, in Gesellschaft eine gute Figur zu machen. Wie wenn wir ein Abendkleid anziehen, weil auf der Einladungskarte »Galadiner« steht, dann aber ohne Unterlass über die hochhackigen Schuhe jammern, in denen unsere Füße solche Qualen leiden...

Warum er?

Ich weiß es. Die Wahl fiel auf ihn, weil er mich in meine Kindheit zurückversetzt. Weil er mir kaum antwortet. Weil er mir hinterherschreit.

Genau wie damals, als ich ein kleines Mädchen war und dachte, mein Vater habe immer recht, sogar wenn er brüllte. Alles hing von ihm ab, und eines schönen Tages würde ich seinen Erwartungen entsprechen können.

Warum er?

Das ist einfach.

Die Wahl fiel auf ihn, weil ich mich an seiner Seite abhängig fühle. Vor allem, wenn er mir Komplimente macht.

Und mir anschließend zu verstehen gibt, dass ich zu viel herumjammere, dass ich aufhören soll, mich so ernst zu nehmen, dass es gar keinen Grund gibt, aus allem so ein Drama zu machen.

»Ich habe Angst.« So ist das nun mal. Hin und wieder überkommt mich die Angst. Die Liste meiner Ängste ist endlos. Ich habe Angst, das Flugzeug zu verpassen, Angst, meine Zeit zu vergeuden, Angst, nicht einschlafen zu können, obwohl ich müde bin. Aber auch Angst vor der Dunkelheit, vor schwarzen Katzen, vor Gewittern, vor der Kälte ... Ganz zu schweigen von der Angst, ihn zu verlieren, unter der leide ich ganz besonders, und sie ist ja vor allem die Angst, alles zu verlieren. Und dann sage ich ihm das, in der Hoffnung, er werde mich endlich verstehen, er werde mir nicht länger sagen, ich solle aufhören, in der Hoffnung, dass er mich in den Arm nimmt und mich tröstet. Denn es wird immer schlimmer. »Ich habe Angst.«

»Angst wovor?«

»Vor allem.«

»Es wird alles gut.«

»Wenn aber alles schlecht ausgeht?«

»Vergiss nicht zu lächeln.«

»Und wenn ich dann immer noch Angst habe?«

»Angst wovor?«

»Ich weiß nicht.«

»Jetzt hör aber mal auf mit deinen aberwitzigen Ängsten.«

»Aber wenn ich doch Angst habe, wie soll ich denn einfach damit aufhören?«

»Du nervst.«

Warum er?

Weil er mich im Ungewissen lässt. Weil er mal sanft und dann wieder voller Vorwürfe ist. Weil ich mich bei ihm wie ein kleines Kind fühle. Weil er mir den Mund verbietet.

Alles und sein Gegenteil. Wie damals, als ich noch ein kleines Kind war und alles wortwörtlich nahm, was mein

Vater sagte. Bis ich dann gar nicht mehr wusste, was ich wirklich wollte.

Außer seiner Liebe. Wie heute. Wenn ich nicht mehr weiß, was ich eigentlich will. Außer seiner Liebe.

Warum er?

Weil er mir zuhört. Weil ich mich wichtig fühle, wenn ich bei ihm bin. Weil er mich ernst nimmt. Und weil er mich, wenn ich ihm etwas erzähle, ansieht, als entdecke er gerade eine unbekannte Welt. Weil er mir sagt, dass ich recht habe, auch wenn meine Begründungen nicht viel wert sind. Denn die Menschen wollen nur Gewissheiten, und ich, wie steh ich da, mit all meinen Zweifeln?

Immer viel zu verletzlich und nicht sehr selbstsicher. Er liebt mich genau so. Und dann ist es ja vielleicht besser, ich behalte meine Unsicherheit für mich. Selbst wenn ich mich im Labyrinth meiner Ängste verirre und den Eindruck erwecke, ich würde mich für alles entschuldigen, sogar für die schlichte Tatsache, dass ich am Leben bin.

Jacques ist anders.

Bei ihm gerate ich nicht in diese erpresserische Spirale: Ich gebe dir, was du forderst, und du gibst mir, was ich will.

Wie damals, als ich klein war und glaubte, nichts sei umsonst zu haben, nicht einmal ein Lächeln. Und dass man sich immer Mühe geben müsse, es auch zu verdienen.

Im Leben, so sagte mein Vater immer, gewinnt nur, wer kämpft, ohne sich jemals geschlagen zu geben. Wenn man etwas erreichen will im Leben, dann muss man Blut und Wasser schwitzen. Im Leben ist alles Pflicht und Aufopferung.

Warum sollte es mit der Liebe anders sein? Wie könnte ein Mann mich lieben, wenn ich ihn enttäusche?

Jacques ist anders.

Ihm genügt es, an meiner Seite zu sein. Selbst wenn er nicht versteht, warum ich manchmal so traurig bin. Wenn er mich dann völlig perplex ansieht und einfach nicht versteht, wieso ein Windhauch genügt, um meine Freude zunichtezumachen und mich in den schwärzesten Abgrund zu stürzen.

Auch heute noch. Allem zum Trotz ...

Vielleicht weil man im Leben auf so gut wie alles verzichten kann, nur nicht auf seine Gewohnheiten. Und wenn man mit der Überzeugung aufgewachsen ist, dass man, wenn man überleben will, die Schuld für einen Fehler auf sich nehmen muss, den man vielleicht gar nicht begangen hat, dann hält man die Freude für eine merkwürdige Sache. Die nur an einem dünnen Faden hängt, der jeden Augenblick reißen kann.

Dann kann man sich nicht einmal vorstellen, dass der andere unsere Schwächen vielleicht sogar mag. Dass der andere möglicherweise feststellt, dass unsere Verletzlichkeit ihn beruhigt. Und dass der Lärm der Vergangenheit nicht mehr so ohrenbetäubend laut ist, wenn man die Gegenwart teilt.

Und wenn auch er mich eines Tages verlässt?

Aber die Angst währt nur einen Augenblick, denn im Grunde weiß ich, dass er weiß, dass ich nicht ohne ihn leben kann, dass selbst wenn ich sage, alles ist gut, in Wahrheit nichts gut ist, dass ich immer das Gegenteil dessen tue, was ich tun möchte, dass ein Nichts genügt, damit ich zusammenbreche, auch wenn ich stark bin, so stark, du weißt doch, wie stark ich bin, oder?

12

Wenn man nicht mehr in den Arm genommen wird

»Wir essen nicht zu spät, ja?«

Das fragt er mich jetzt wohl schon zum vierten Mal. Vor zwei Stunden hat er damit angefangen, gleich nach unserer Rückkehr. Und jetzt ist er wieder in seinem Büro und ganz durcheinander, weil ich nicht auf ihn gehört und mich aufs Sofa gelegt habe, um ein Buch zu lesen. Ich habe es vor einem Monat angefangen und es bisher nicht geschafft, es zu Ende zu lesen. Durch den Umzug ist alles ein einziges Drunter und Drüber, und die Tage vergehen wie im Flug. Wie gelingt es nur den Leuten, immer alles ordentlich auf die Reihe zu kriegen?

»Na los jetzt, ich habe wirklich Hunger!«

Wenn er so weitermacht, dann dreh ich ihm den Hals um. Heute wollte ich ruhig zu Hause bleiben und nichts tun. Stattdessen hat er mich zu Ikea geschleift, um dort

Küchen anzuschauen. Fünf Stunden lang Ecken, Längen und Breiten ausmessen.

Und wie ich befürchtet hatte, ist es nicht damit getan, dass man in der Schlange steht und wartet, bis Mister Ikea das Ganze dann am Computer in 3-D darstellt. Man muss sich ganz alleine durchbeißen.

Als mir das bei unserer Ankunft mitgeteilt wurde, wollte ich schon wieder gehen. Ich hatte es am Vortag schon zu Hause versucht, ohne großen Erfolg. Dann ist es immer wieder dasselbe, man macht aus der Not eine Tugend. Ich habe Stunden damit zugebracht, zusammen mit Jacques Möbel anzuklicken, Türen auszutauschen, die Waschmaschine einzubauen, der Spüle einen Unterbau zu verpassen.

Wie können Menschen nur so viel Geduld haben?

»Machen wir Nudeln?«

Jetzt reicht's mir wirklich. Um das zu verstehen, muss man wissen, dass »machen wir« gleichbedeutend ist mit »machst du«. Und für heute habe ich schon genug Zeit in der Küche verbracht.

Wie machen die Leute das nur, dass ihnen das mit dem Kochen nie zu viel wird?

Aber vielleicht übertreibe ich ja wieder einmal. Ich hatte ja selbst große Lust umzuziehen. Zum ersten Mal richte ich mich ganz neu ein, noch dazu gemeinsam mit einem anderen Menschen. Auch wenn ich Monate gebraucht habe, mich dazu durchzuringen. Und als Jacques mich das erste Mal darauf angesprochen hat, bin ich ihn fast schon aggressiv angegangen.

Wie er denn nur auf so eine Idee komme? Wieso er es sich in den Kopf gesetzt habe umzuziehen? Wer das kaufen solle, dieses blöde Haus? Ob er das nur wolle, damit wir dann seine Kinder zu uns einladen könnten?

Damals war das öfter so. Sobald er etwas sagte, das mir nicht gefiel, brachte ich seine Kinder ins Spiel. Weil er welche hatte und ich nicht. Weil er mit mir keine hatte haben wollen. Weil er ein Egoist war. Weil er mich nicht liebte.

Wie können die Menschen nur alles aus der Hand geben?

Und doch, die meisten Menschen sterben, ohne viel gehabt zu haben. Ich nicht. Ich habe so viele Dinge gehabt. Auch wenn ich das oft vergesse und dem Leben gegenüber ungerecht bin. Und Jacques gegenüber.

Als fehlte mir immer etwas und als steckte hinter meiner Wut das unbändige Verlangen, verstanden und liebevoll umsorgt zu werden.

Diese Sehnsucht nach dem Absoluten. Auch wenn ich mir mittlerweile darüber im Klaren bin, dass mir der Alltag durch die Finger gleitet, wenn ich zu sehr dem Absoluten hinterherrenne.

Diese Sehnsucht zielt nicht so sehr darauf ab, verstanden zu werden, als vielmehr darauf, mich erklären zu können. Die richtigen Worte zu finden. Die Worte, die mir entfallen sind, die mir entgleiten. Im Alltag.

Wo sich doch hinter jeder Geste, selbst der allerbanalsten, etwas Kostbares verbirgt.

Vielleicht nehmen wir uns ja zu selten in den Arm, wie Martha Nussbaum sagt, wenn sie von der idealen Liebe spricht. Wenn man jemanden idealisiert, dann vergisst man, ihn in den Arm zu nehmen. Und dann kommt die innere Leere wieder an die Oberfläche.

Die zeigt, dass einem jemand oder etwas fehlt. Ein Wort. Ein Duft. Ein Gefühl.

Die Abwesenheit von jenem gewissen Etwas, das doch so wichtig, fast schon lebenswichtig ist. Denn es zwingt uns, die Rechnung mit uns selbst zu machen und nicht mit dem, was wir nicht haben. Und nie besitzen werden.

Und auch das ist das Leben: sich darüber klar werden, dass es immer etwas geben wird, das fehlt und unter dessen Fehlen wir leiden. Weil niemand jemals »alles« haben kann. Niemand kann jemals »alles« sein.

Und letztlich ist es doch egal, dass ich keine Kinder habe, dass niemand mich jemals Mama nennen wird und dass ich nie begreifen werde, was meine eigene Mutter fühlt, wenn sie versucht, mich anzurufen, oder mich in Paris besuchen kommt und mich dann fest an ihr Herz drückt.

»Wenn ich ein Kind hätte, dann müsste ich morgens in aller Frühe aufstehen, um es zur Schule zu bringen, stimmt's?«

Intermezzo Nr. 3

Lieben ist die Gabe dessen, was man nicht hat, an jemanden, der es nicht will.

Jacques Lacan, *Die Ethik der Psychoanalyse*

Bis man genau versteht, was Lacan meint, wenn er vom »Nicht-Haben« der Liebe spricht, ist es ein langer Weg. Vor allem, wenn man aus einer ganz anderen Ecke kommt und mit dem Mythos von Identität und Kohärenz aufgewachsen ist: In der Liebe gibt man, was man hat, und will, was man bekommt. Oder man hält beharrlich an dem Glauben fest, die Liebe und das Leben ließen sich auf eine lineare Weise erzählen. Ein paar Ausgangspostulate, und der Rest folgt von allein. Ohne all die Auslassungspunkte und Seufzer, die der unfragliche Beweis für die strukturelle Unfähigkeit sind, die Existenz auf ernsthafte oder wissenschaftliche Weise in Begriffe zu fassen – aber haben Sie sich schon mal gefragt, warum Ernst und Wissenschaftlichkeit, wenn man die Leute so reden hört, immer öfter mit Pedanterie und Blindheit gleichgesetzt werden, sobald es um die widersprüchliche Komplexität der Existenz geht?

Aber da verliere ich mich schon wieder in Abschweifungen, als zwänge das Lacan'sche »Nicht-Haben« mich dazu, einzugestehen, was auch ich alles nicht habe, was mir vielleicht zu schmerzlich fehlt, als dass ich einfach nur darum trauern könnte. Als müsste auch ich mich mit der Tatsache abfinden, dass ich über die Liebe nichts sagen kann...

Nehmen wir also geduldig den Faden noch einmal auf. Warum braucht das »Nicht-Haben« der Liebe eine Rechtfertigung? Warum gibt es sich nicht damit zufrieden, Entschuldigungen zu suchen, indem es Abschweifungen macht und sich an den Konzepten stößt? Das »Nicht-Haben« ist da, unmittelbar vor unseren Augen. Und will ernst genommen werden. Vor allem, damit wir ein für alle Mal damit aufhören, Liebe und Leidenschaft miteinander zu verwechseln.

Damit wollen wir nicht sagen, dass die Leidenschaft unseres Interesses nicht würdig wäre. Dass die Leidenschaft es nicht verdiente, ausgelebt zu werden. Sondern dass die Leidenschaft die Energie zugleich produziert und konsumiert, die Lust produziert und konsumiert, die Gefühle produziert und konsumiert. Während die Liebe aus allem besteht, was uns am Leben erhält, was wir nicht haben, was wir heraufbeschwören und verfluchen, was wir von Geburt an verlieren, auch wenn die Hoffnung, es einst wieder zu besitzen, bis zum Ende fortbesteht.

Die Liebe ist aus allem gemacht, was wir nicht haben, aber gerne hätten, aus allem, von dem wir glauben, ein anderer besitze es, dabei besitzt er es gar nicht, aus allem, was wir genau in dem Augenblick in Besitz zu nehmen glauben, in dem wir es für immer verlieren.

Immer wenn wir verliebt sind, suchen wir im geliebten Wesen nach dem, was wir verloren haben. Eine sinnlose und vergebliche Suche, da der andere das, was verloren ging, so wenig besitzt wie wir.

Das verloren gegangene Objekt – das, was uns wirklich fehlt – ist immer anderswo. Zurückgestoßen von einem Begehren, das sich mit dem, was es erreichen kann, niemals zufriedengibt.

Wir wissen nicht, warum wir geliebt werden. Wir können nur versuchen, es zu erahnen. Oder uns selbst viele Geschichten darüber erzählen. Aber im Grunde werden wir es niemals wirklich wissen. Denn wir wissen weder, was wir haben, noch, was wir verbergen.

Vor allem können wir uns nicht vorstellen, was wir beim anderen wachrufen, diesen Sinnhorizont, der uns einzigartig und manchmal unentbehrlich macht.

Liebe und Einzigartigkeit.

Nicht etwa, dass wir nur eine einzige Person lieben könnten. Aber immer erst durch die Liebe begreifen wir, dass wir unersetzlich sind.

Ihn liebe ich, und niemanden sonst. Niemand könnte seinen Platz einnehmen. Selbst wenn er mir dieselben Dinge bieten und sich auf die gleiche Art verhalten würde wie ein anderer.

Ich kann eines Tages einen anderen lieben. Aber das wird

eben ein anderer sein. Und die Liebe wird anders sein. Und doch wieder einzigartig.

Denn in der Liebe ist jeder von uns wirklich einzigartig.

Und genau das ist der Wahnsinn der Liebe: In einer Welt, in der niemand unentbehrlich ist – denn es findet sich immer jemand, der geeignet ist, unseren Platz einzunehmen –, sagt die Liebe, dass das nicht möglich ist, dass sie das nicht will, dass sie das nicht erträgt.

Selbst wenn der, den wir lieben, uns nichts von dem gibt, was wir brauchen. Und vielleicht ist es gerade deshalb so, weil der, den wir haben, uns nichts von dem bietet, was wir brauchen.

Das ist der Grund, warum die Liebe erst dann beginnt, wenn man aufhört, vom anderen zu fordern, uns zu geben, was uns fehlt, und wenn wir die Augen öffnen für das, was er uns gibt, selbst wenn wir es schon haben.

Auf alle Fälle ist die Liebe nie ausreichend.

Und dieses »Ich liebe dich«, das immer dann kommt, wenn wir es nicht brauchen, wird uns überhaupt nicht helfen, wenn sie uns bis zum Wahnsinn fehlt und nicht kommt.

Die Liebe produziert nichts. Sie steht nicht im Dienste des Kapitals. Sie gibt keinen Kredit. Sie ist antikapitalistisch.

Und selbst wenn die Schulden sich häufen, ist niemand jemals dazu bereit, den verursachten Schaden einzugestehen. Deshalb führen so viele einen erbitterten Kampf gegen die Liebe. Oft im Namen des freien Markts und des Individualismus. Dieses Individualismus, den es letztlich nicht gibt, denn niemals war das Individuum so sehr wie heute der Ununterscheidbarkeit der Massen und Waren unterworfen. Das sind die Paradoxe des Hyperindividualismus, der vor allem ein konservativer Konformismus ist.

Die Liebe fordert, fragt, fleht. Aber die Antworten lassen auf sich warten. Oder kommen nie. Es ist ein beständiges Hin und Her zwischen Versuch und Irrtum. Ein Hin und Her, das uns immer allein zurücklässt. Wie wenn man leidet. Denn Leid kann nie geteilt werden, so wenig wie die Liebe.

Zur Liebe braucht es Liebe, und sei es auch, um ihren eigenen Mangel zu verschenken. Wieder und wieder zu verschenken.

Mehr! Weil die Liebe niemals ein für alle Mal befriedigt werden kann und weil die Antworten, die man erhalten kann, nur der Nährboden für weitere Fragen sind.

Mehr! Weil es immer etwas gibt, das wir wissen oder haben wollen, etwas, auf das wir hoffen, das wir erobern, das wir an uns reißen wollen …

Die Grenze lieben. In dem Wissen, dass der andere uns niemals gehören wird, auch wenn wir noch so große Anstrengungen unternehmen, ihn an unserer Seite festzuhalten. Gebunden an ein Begehren, das immer das Begehren nach etwas anderem ist als dem, was ein anderer uns geben kann.

Ein anderer in Bezug auf uns. Aber auch anders in Bezug auf das, was wir bereits haben, anders in Bezug auf den anderen, anders in Bezug auf das, was der andere besitzt. Anders. Einfach anders. Und daher immer anderswo.

Für Lacan ist die Liebe nicht das Opfer des Scheiterns des Narzissmus, wie Freud dachte, für den die Liebe zu einem anderen nichts als Selbstliebe ist. Wie Narziss, der vor dem Wasser sein Spiegelbild betrachtet, hoffnungslos verliebt in sein eigenes Gesicht.

Laut Lacan entsteht die Liebe in der Begegnung, wenn man hofft, die Leere, die man in sich trägt, mit dem anderen wieder füllen zu können. Selbst wenn wir danach entdecken, dass die Leere bleibt und der andere sich entfernt und dabei eine Spur unseres inneren Exils hinterlässt.

Die Leere kann gefüllt werden. Man kann sie nur *mit* einem anderen durchqueren.

Zusammen, und doch immer allein.

13

Was hätte ich denn sonst noch tun können?

Lange Zeit bin ich immer wieder bei der Frage nach dem »Wie sehr?« gelandet.

»Wie sehr liebst du mich?«

»Sehr.«

»Wie viel ist ›sehr‹?«

Ich wünschte mir, antworten zu können: so wie den Himmel und das Meer. Wie das Universum.

Du bist mein erster Gedanke beim Aufwachen und mein letzter beim Einschlafen. Du hast das strahlendste Lächeln.

Jahrelang glaubte ich, nur die Liebe könnte meinem Leben einen Sinn geben. Und wenn der Mann, den ich liebte, fortging, dann war das ein Drama.

Vielleicht fühlte er sich erdrückt von der endlosen Liste

all dessen, was ich wollte. Hatte meine zahllosen Vorwürfe gründlich satt.

Wie Alessandro, die große Liebe meines Lebens. Den ich kennen lernte, als ich noch zur Uni ging, als ich noch gefangen war in meinem Leid. Die große Liebe. Er hätte mich vom Gewicht meiner Vergangenheit befreien sollen. Hätte den Platz meines Vaters einnehmen sollen. Hätte mich vor mir selbst schützen sollen. Hätte, hätte, hätte ...

Jahrelang war ich die Gefangene einer absoluten und zerstörerischen Liebe gewesen. Die Liebe war alles. Sie war der Deich, der mich vor meiner Leere und meinen Verletzungen schützte. Sie war das, was meine Identität und meine Begierde festigte.

Warum ging der andere fort, nachdem er gekommen war und versprochen hatte, mir den Mond zu Füßen zu legen? Warum ließ er mich allein, nachdem er mir das Gefühl gegeben hatte, wichtig zu sein?

Ich und mein Gejammer.

Ich und meine Unfähigkeit, Verluste zu verkraften.

Wenn ich nur im Spiegel seines Blicks existierte, was wurde dann aus mir, sobald er aufhörte, mich anzusehen?

Jahrelang war ich absolut unfähig zu sehen, dass auch er seine Zweifel und seine Verletzungen haben könnte. Dass auch ihm etwas fehlte. Dass auch er sich jeden Tag dem Kampf mit seiner Vergangenheit und seinen Dämonen stellte.

Eine Mutter, die zu gut war und nicht selbstsicher genug, um dem Vater zu sagen, dass es jetzt reichte. Oder zu distanziert, um ihren Sohn in die Arme zu nehmen und zu herzen. Oder abwesend. Oder zu sehr mit ihrer einzigen Arbeit beschäftigt. Oder für immer fortgegangen.

Wie Francis. Der nie ein Risiko einging. Und dem ich Zeit lassen musste. Zeit, bis er mit seinen Kindern gesprochen hatte. Zeit, bis er seine Lebensgefährtin verlassen hatte. Zeit, bis er selbst akzeptieren konnte, dass es die Liebe wirklich gab. Monat um Monat wartete ich, weinte ich, wetterte ich gegen mein Schicksal. Bis mir klar wurde, dass es zu spät war. Und dass das Warten mein Begehren zerstört hatte.

Jahrelang war ich unfähig, die Dinge in dieser Klarheit zu sehen. Ich war überzeugt davon, das alleinige Opfer zu sein. Überzeugt, dass immer ich verlassen wurde. Dass immer ich mich damit abfinden musste, dass jemand gegangen war. Dass immer ich alles – aber auch wirklich alles, ich schwör's – gemacht hatte, damit es besser wurde.

Was hätte ich denn noch machen sollen? Was hatte ich nicht verstanden?

Wir Frauen sind oft lächerlich. Manchmal sogar richtig erbärmlich. Wir schwärzen ganze Seiten, um alles zu sagen, was wir hätten sagen wollen. Seitenlange Schilderungen unserer Leiden, weil wir uns verraten und verlassen fühlen. Seitenlange Klagen, weil er nicht verstanden hat, wie zerbrechlich wir sind, weil er nicht gesehen hat, wie sehr wir uns bemüht haben, weil er sich über uns lustig gemacht hat. Aber jetzt wissen wir ja, dass er immer nur lügt. Und diesmal ist es wirklich die letzte Lüge gewesen.

Und dann stellen wir eine Liste all der Dinge zusammen, die wir uns erhofft hatten, um die wir ihn angefleht, die wir eingefordert und ihm abgerungen haben. Wir erinnern uns wieder daran, was wir geopfert, worauf wir verzichtet haben und was uns alles versprochen wurde. Und er ist an allem schuld. Vor allem daran, anders zu sein, als wir ihn gerne gehabt hätten.

Wer trägt hier die eigentliche Schuld? Er, dem immer alles egal ist, schrecklich egal, der sich selbst treu bleibt, oder wir, die wir geglaubt haben, er werde sich ändern, um so zu werden, wie wir ihn uns erträumt haben, so wie er sein sollte?

Ich hasse Genörgel. Genörgel ist wie ein Winterregen, es dringt in alles ein, gelangt bis ins Herz.

Seit ein paar Tagen hört es gar nicht mehr auf zu regnen in Paris. Als wollte der Himmel mich bestrafen. Dieser Gedanke hat sich so fest eingenistet, dass ich am Ende überzeugt bin, dass es tatsächlich so ist.

Ich mache alles allein. Und es gelingt mir hervorragend.

»Rate mal, woran ich denke?«

»Woran denn?«

»Ich sag's dir nicht, das musst du schon erraten.«

»Ich habe keine Ahnung.«

»Na los, gib dir ein bisschen Mühe!«

»Einverstanden, ich werde darüber nachdenken.«

»Nein, jetzt! Sag mir bitte, woran ich denke.«

»Dass du ab morgen damit aufhören wirst, dich zu beklagen?«

»Blödmann.«

Ich hasse Genörgel. Aber immer, wenn ich etwas nicht ertrage, muss ich unwillkürlich aufstöhnen.

Vielleicht weil es allem zum Trotz dem Kind, das ich einmal war, nicht gelingt, sich in sein Schicksal zu fügen.

Aber wieso macht Jacques sich über mich lustig?

14

Als wenn
nichts wäre

Wieso gerate ich beim Reden immer wieder ins Stocken? Warum ist mein Gang so hölzern und ungelenk? Wieso habe ich sämtliche Abzählreime meiner Kindheit vergessen?

Nel gennaio freddo e gelo. A febrraio di nebbia il velo. Marzo pazzo, agitatore. Dolce è april col suo tepore…

Vielleicht habe ich sie vergessen, weil auch in den anderen Monaten Eis und Kälte herrschen. Es stimmt nicht, dass der April mild ist. Hier in Frankreich kann man im April noch nicht alle Hüllen fallen lassen. Und dass man liebt, erkennt man immer daran, dass man sich wie Marina Zwetajewa fühlt, »fern von dem, der mir so nah«.

Und das reimt sich auf gar nichts. Das tut bloß weh.

Denn der andere ist fern, selbst wenn er nah ist. Er ist immer fern. Und wenn er nah ist, dann vielleicht sogar noch mehr...

»Wann bist du endlich nicht mehr so aggressiv? Entspann dich. Ich bin da. Sei ruhig.«

»Und du? Wann hörst du mir endlich zu? Es geht mir nicht ums Rechthaben, ich will dir nicht vorschreiben, was du zu tun hast. Ich möchte nur, dass du dich hin und wieder an das erinnerst, was ich sage.«

Schon sind wir wieder mittendrin. Das Problem mit der Liebe beginnt immer dann, wenn die Realität außen vor bleibt. Wenn wir uns einbilden, wir könnten die Möglichkeiten, die das Leben uns bietet, ergreifen oder nicht, wie Pappschachteln, die man öffnen und schließen kann.

Während wir Gefahr laufen, für immer allein zu bleiben, erdrückt von den verblichenen Farben der Kindheit.

Soll ich ihm besser nicht antworten, so tun, als wäre nichts, abwarten, bis er sich fragt, warum ich mich nicht melde, einfach so, vielleicht ruft er mich dann ja an und bittet mich um Verzeihung? Oder sage ich ihm alles, was ich denke, nämlich dass er mir fehlt und dass er ein Blödmann ist, dass er mir versprochen hat vorbeizukommen, dass ich das nicht mehr aushalte, ich bin ja schließlich nicht jederzeit für ihn verfügbar.

Wäre es nicht besser, ihm nicht in allen Einzelheiten auf die Nase zu binden, was ich empfinde, die Gleichgültige zu spielen, zu lernen, es auch so zu machen wie die anderen, nach denen man schmachtet, auf die man wartet, denen man den Hof macht? Oder doch lieber aufhören, als eine Frau erscheinen zu wollen, die ich gar nicht bin, und ihm gleich vorneweg klarmachen, dass ich verrückt bin und labil und anhänglich und überhaupt nicht sonderlich selbstsicher?

Die Wahrheit liegt immer anderswo.

Verborgen hinter einer Reihe von Fragen ohne Antwort.

Denn Worte genügen nicht, wenn ich erzählen will, was ich alles noch gerne tun möchte und welche Pläne ich aufgegeben habe.

In all den Momenten, in denen er da war und in denen ich ihn verloren habe.

»Ich habe nie gedacht, du könntest mir vielleicht sagen wollen, dass ich unrecht habe. Ich mache mir mein Leben nicht unnötig schwer mit Fragen nach Recht oder Unrecht.«

»Warum antwortest du mir dann nicht?«

»Heute Abend fegt der Wind durch Paris. Und es gibt rosa Blumen am Himmel. So schön wie du, wenn du ein klein wenig traurig bist. Und jetzt schenk mir ein Lächeln, bitte!«

15

Tausend kleine Nichtigkeiten

Die Liebe ist aus tausend kleinen Nichtigkeiten gemacht. Lauter klitzekleinen Dingen, die zwar winzig sind, aber zäher als der ganze Rest. Zum Beispiel mit dem Motorroller im Regen spazieren fahren – im Pariser Regen, diesem endlosen Schnürlregen, der in den Kleidern festhängt. Schnell noch beim Händler an der Ecke etwas einkaufen gehen – man vergisst ja immer etwas und regt sich dann auf, weil er wieder nicht die Einkaufsliste mitgenommen hat, dabei lag sie doch im Eingang, neben den Schlüsseln und der Schokolade von Mama. Über die Schmutzwäsche im Bad und die abgelaufene Milch. Über die Zahnbürste und den kaputten Ofen. Beim Nachhausekommen ruft er mir, sobald er mich sieht, zu: »Wie schön du heute bist!« Dabei bin ich heute wirklich nicht hübsch anzusehen mit meinen Augenringen, der Laufmasche und den Flecken auf dem Pullover.

Aus solchen Dingen ist die Liebe gemacht, und aus sonst nicht viel. Mit jungfräulichen Prinzessinnen und tapferen Prinzen hat sie rein gar nichts gemein. Porzellanfigürchen, die von der Zeit zerrieben werden. Der Zeit, die an uns nagt und die uns jeden Tag ein Stückchen älter werden lässt. Die Falten um die Augen. Der müde Schritt.

»Wann wirst du dich endlich dazu durchringen, deine Bücher einzuräumen?«

Ich habe kaum die Tür aufgemacht, schon greife ich ihn an, dabei habe ich ihn noch nicht einmal in Ruhe begrüßt. Seit Tagen schon erzählt mir Jacques, er werde sich darum kümmern. Es steht noch ein ganzer Haufen Kartons im Flur und im Wohnzimmer. Dieser verfluchte Umzug scheint kein Ende nehmen zu wollen, und ich habe langsam genug davon. Warum versteht er nicht, dass ich ein wenig Ordnung und viel Ruhe brauche?

»Ich wollte gerade damit anfangen.«

Wieder dieser leicht müde Tonfall – er will das ganz eindeutig auf später verschieben, denn Aufräumen sagt ihm nichts. Es ist schon alles einigermaßen aufgeräumt. Wie können mich da zwei oder drei Kartons im Flur stören?

»Und?«

Meine Stimme klingt barsch. Ich kann es nicht ausstehen, wenn man etwas auf die lange Bank schiebt. Und Entschuldigungen auch nicht. Oder Faulheit.

»Schon sauer?«

Er sagt es mit einem Lächeln. Und schon lächle ich auch.

Wir sind offene Bücher füreinander. Und er weiß genau, wenn ich kurz vorm Ausrasten bin, kann man mich nur bremsen, indem man mich zum Lachen bringt. Und zwar genau mit diesen tausend Nichtigkeiten, die keinerlei Bedeutung haben, denn das Leben hat mit Ordnung nichts zu tun, und der Alltag besteht auch aus Pappkartons, die sich nach einem Umzug stapeln und mit denen sich niemand beschäftigen mag, selbst wenn man plötzlich nicht mehr weiß, ob die Gasrechnung bezahlt wurde, und dann kommen die Mahnungen, und man muss sie doch bezahlen, dabei wäre es besser, die Dinge in der richtigen Reihenfolge zu tun … nicht wahr, mein Schatz?

In der Liebe kriegt man sich ständig in die Haare. Und beginnt jeden Tag von Neuem wieder bei null.

Manchmal sogar, wenn man keine Lust mehr hat. Sogar vor allem dann.

Ich habe einige Zeit gebraucht, bis ich das akzeptieren konnte. Und bis ich verstand, dass ich mit Jacques alt werden möchte. Auch wenn er nicht vollkommen ist. Ich bin es ja auch nicht. Außerdem versteht nur er allein, was sich hinter meiner Schreierei verbirgt, wenn ich mal wieder einen dieser Wutanfälle bekomme, hinter meinen Tränen, wenn ich das Gefühl habe, es zieht mir den Boden unter den Füßen weg, hinter meiner Erschöpfung, wenn ich mich so müde fühle, dass ich nur noch die Augen schließen und nie wieder aufmachen möchte.

Nur Jacques weiß, dass ich gar nicht das Luder bin, für das manche mich halten, dass ich gar nicht so verletzlich bin, wie ich wirke, dass ich gar nicht so stark bin, wie ich manchmal scheinen möchte.

Nur er ahnt, dass ich immer »anders« bin: anders als das, was ich von mir zeige; anders, als die Leute glauben; auch anders, als ich es mir vorstelle.

Jacques weiß, dass ich anders bin als all die Wörter, an denen ich so klebe und nach denen ich ständig suche, weil ich erklären möchte, wer ich bin und was ich suche, auch wenn diese Wörter in Wahrheit unbrauchbar sind. Weil niemand sie so zu dosieren weiß, wie es eigentlich richtig wäre. Weil niemand die Kunst beherrscht, sie an die rechte Stelle zu setzen.

Im Grunde sind selbst Worte niemals genug. Schlimmer noch! Oft sind ausgerechnet sie es, die uns verraten. Wenn ich die Schultern hängen lasse und den Blick senke. Und versuche, mich in irgendeinem Winkel zu verstecken, wie früher, als ich noch ein Kind war und mich fast noch dafür entschuldigt habe, dass ich am Leben war.

Jacques weiß, dass ich anders bin.

Und dass unsere Liebe zu einem großen Teil auf dem beruht, was nur wir allein vom anderen wissen.

Und was alle anderen ausschließt.

16

Hohle Phrasen

Mama war eine wahre Meisterin darin, ein Abendessen zu organisieren. Die bestickte Tischdecke. Das Silberbesteck. Hausgemachte Orecchiette. Ricottakuchen.

In einem Winkel meines Kopfs stapeln sich die Wörter. Als könnte ich keine zusammenhängenden Sätze mehr bilden. Subjekt, Prädikat, Objekt. Mehrere Syntagmen, nach den Grundregeln des Satzbaus miteinander verknüpft. Gerufen werden, genannt werden, wie es die appellativen Verben im Passiv tun. Geglaubt werden, geschätzt werden, gehalten werden für – wie wenn draußen der Regen fällt! Aber was hat der Regen hier zu suchen?

Da haben wir die Bescherung, ich habe mich wieder ablenken lassen, und schon ist alles verloren ... Was sagte ich noch? Ach ja, sicher! Verben, die ein persönliches Urteil ausdrücken ... die es ermöglichen, dass man uns glaubt und unsere Worte berücksichtigt... Aber wenn niemand mehr an irgendetwas glaubt?

Sollte das daran liegen, dass niemand mehr Konjunktionen und Präpositionen verwendet? *Mit, nach, von, seit, aus, zu, bei verlangen stets Fall Nummer drei.* Als Kinder haben wir solche Sachen auswendig gelernt wie lustige Liedchen. Ich glaube, heute macht man das nicht mehr. Seit es Twitter gibt, genügen sowieso hundertvierzig Zeichen. Und die Bindewörter nehmen viel zu viel Platz weg. Was soll man da seine Zeit damit verplempern, sie zu lernen!

Und welche Lektion hat Alice gelernt? Sie hatte auch keine Lust, Zeit zu verplempern. Nach den Vorhaltungen von Mad Hatter... Hätte sie sich mit der Zeit so gut ausgekannt wie er, hätte sie nicht so gesprochen. Dann wäre sie in gutem Einvernehmen mit ihm geblieben. Wäre nicht überheblich geworden und nicht verzweifelt.

Seit es Twitter gibt, stehe selbst ich mit der Zeit nicht mehr auf gutem Fuß und vergesse alles sehr schnell. Die Bindewörter und die Rezepte meiner Großmutter, die appellativen Verben und welche Anstrengungen man für die Liebe auf sich nehmen muss...

In hundertvierzig Zeichen gibt es keinen Platz für dergleichen altmodischen Plunder. Da muss man nur auf eine Taste drücken. Manchmal nicht mal das. Zeit und Mühe sind außer Mode geraten.

»Warum sollten wir uns denn anstrengen? Ihr seid alle korrupt, ihr klaut, ihr seid völlig daneben!!«

»Aber was redest du denn da? Merkst du nicht, dass du vor lauter Wut einen vollkommenen Blödsinn von dir gibst?«

»SCHÄMEN! SCHÄMEN SOLLTEST DU DICH!!!«

»Aber wofür denn?«

Über alles Mögliche wird sich da beschwert oder regt man sich auf. Ob nun auf der Straße oder im Netz. Man lässt seine Wut aus, in Großbuchstaben oder mit Ausrufezeichen. Ohne zu begreifen, dass diese Wut sinnlos ist. Und dass das wichtigste Satzzeichen das Fragezeichen ist. Denn es markiert den Gegenpol zum Starrsinn und zur Wut.

Wut zerstört alles.

Sogar die Liebe. Die unterwegs verloren ging. Und der man nicht einmal mehr einen Namen zu geben vermag.

Intermezzo Nr. 4

Wir neigen mittlerweile dazu, die Routine nicht länger zu ertragen, denn wir wurden von Kindesbeinen an daran gewöhnt, nach »Wegwerf«-Objekten zu suchen, die schnell ersetzt werden können. Die Freude an Dingen, die von Dauer sind, Erzeugnisse einer Anstrengung und gewissenhafter Arbeit, ist uns nicht mehr bekannt.

Zygmunt Bauman, *Liquid Love*

Laut Zygmunt Bauman ist auch die Liebe heutzutage ein Opfer des Konsumismus: In einer Welt, in der alles Konsum ist, würden selbst die Gefühle auf der Suche nach einer möglichen Befriedigung hohl und leer werden.

Eine verflüssigte Liebe. Wie die Beziehung, die wir zu den Objekten haben, die wir gebrauchen und dann wegwerfen. Gerade so, als wären Menschen einfach nur Dinge. Als hätten wir alle die Bedeutung von Bindung und Verzicht verloren.

Nach Baumans Ansicht ist die Liebe vom Konsumismus gestürzt worden. Man gibt sich fortan damit zufrieden, in der unmittelbaren Gegenwart zu leben, verfolgt keine langfristigen Projekte mehr und ist nicht mehr in der Lage, irgendetwas von Dauer zu erschaffen.

Einerseits sehnen wir uns aus Angst vor der Einsamkeit auch weiterhin nach stabilen und dauerhaften Beziehungen, andererseits fürchten wir uns so sehr davor, in erstickenden Beziehungen festzukleben, dass wir die Flucht ergreifen, sobald eine Beziehung etwas Festes zu werden scheint.

Daher wäre es leichter, sich auf Beziehungen einzulassen, in denen man nur »halb gebunden« ist: auf flüchtige Beziehungen, die für den Augenblick bestehen, in denen keiner der Partner sich verliebt, weil keiner bereit ist, sich von seinen Gefühlen überwältigen zu lassen.

Sofortige Bedürfnisbefriedigung, mühelos erreichbare Ziele, wirksame Rezepte, Versicherungen, die uns vor den Risiken des Lebens schützen.

Zygmunt Bauman hat sicher recht. Wie sonst sollte man die Art und Weise beschreiben, in der sich die sozialen und affektiven Beziehungen heutzutage gestalten? Wie sollte man nicht zum Glauben gelangen, sogar die Liebe sei den Gesetzen des Markts unterworfen, immer flexibler und freier, immer seltener konstant und dauerhaft? Heute gefällst du mir, morgen gefällst du mir nicht mehr. Heute sind wir zusammen, morgen verlasse ich dich. Ich benutze dich, und dann werfe ich dich weg. Wie alles andere auch.

Wie sollte man da noch an die Ausschließlichkeit in der Liebe glauben?

Und doch hat Baumann unrecht. Denn letztlich sind diese Beziehungen nur die Kehrseite der Medaille der konventionellen Liebesgeschichten von früher. Die Form ändert sich. Die Inhalte auch. Aber die Substanz bleibt identisch, denn die Liebe hat mit der gesellschaftlichen Übersetzung der Liebe nichts zu tun.

Die Liebe ist antikonformistisch. In den »Wegwerf«-Beziehungen der heutigen Zeit fehlt sie ebenso wie in den »unauflöslichen« Beziehungen der Vergangenheit. Welche Dosis an Liebe gab es bei dem Stabilitätspakt, der viele Ehen zusammenschweißte, in denen Mann und Frau sich ohne jede Begeisterung dahinschleppten, gefangen im sich langsam zuziehenden Knoten einer Bindung ohne jedes Gefühl?

»Jene erbärmlichen Ehemänner, die, wie Du einmal sagtest, Wahnsinnigen gleich in ihrem ehelichen Gewahrsam sitzen, und gegen das eiserne Gitter wütend, über die Süßigkeit der Verlobung und die Bitterkeit der Ehe phantasieren«, wie Kierkegaard schreibt.

Diese Eheleute, die es sich in der düsteren Undurchdringlichkeit ihrer Beziehung eingerichtet haben, nur weil sie in der Lage sind, im Namen der »Würde einer Pflicht« auszuharren, wie Newland Archer aus *Die Zeit der Unschuld*, der sich für seinen ungeheuren Mut beglückwünscht, selbst nachdem er begreift, dass er das, was er auf der Welt am meisten begehrte, verloren hatte, nämlich seine Liebe zu Ellen, der »Blume seines Lebens«.

Bauman hat recht. Ohne Gewissheiten und ohne ein stabiles Grundgerüst werden das Leben und die Liebe verflüssigt. Keine Versprechen mehr. Keine Opfer mehr. Keine Verpflichtungen mehr. Und das Versprechen »bis dass der Tod uns scheidet« wird von nun an als eine Falle empfunden. Aber wer könnte ewige Liebe schwören, ohne zu lügen? Ist die wahre Falle nicht vielmehr die, dass wir, statt Handlungen zu versprechen, deren Ausführung zumindest teilweise von uns selbst abhängt, Gefühle versprechen, die *per definitionem* von niemandem abhängen?

»Wer jemandem verspricht, ihn immer zu lieben oder immer zu hassen oder ihm immer treu zu sein, verspricht etwas, das nicht in seiner Macht steht«, schreibt Nietzsche.

Denn in der Liebe gibt es weder Gewissheiten noch stabile Orientierungsmarken. Der Kern der Liebe ist die Freiheit.

Die Freiheit, man selbst zu sein. Die Freiheit, sich zu irren und einander wehzutun. Die Freiheit, alles kaputt zu schlagen und wieder von vorn anzufangen. Tausend und abertausend Mal. Immer und immer wieder. Mit den ewig gleichen Irrtümern im Schlepptau, bis in alle Ewigkeit.

Das ist Freiheit. Und das ist Liebe. Eine der zahlreichen Kehrseiten des Lebens. Denn die einzige Freiheit, die zur Disposition steht, ist eine Freiheit, die der Bedingung unterliegt: Ich bin frei, *aber*; ich bin frei, und *dennoch*.

Es steht einem jeden Menschen frei, in einem Aquarium herumzuschwimmen wie ein Goldfisch, der seine Runden dreht und verzweifelt den Ausgang sucht. Jeder ist innerhalb eines bestimmten Systems frei, auf der Basis der Möglichkeiten, die die Erwachsenen uns kurz vor Augen hielten, als wir noch Kinder waren.

Frei, eine Rolle zu wiederholen oder einem bekannten Drehbuch zu folgen. Frei, nach dem Liebesobjekt zu suchen, das wir verloren haben. Frei zu hoffen, sein Blick werde unseren Verletzungen einen Verband anlegen. Frei zu nichts. Es sei denn, wir wissen, dass wir unfrei sind.

Diese Unfreiheit, die der andere nur akzeptiert, wenn wir im Gegenzug die seine akzeptieren.

Bauman hat recht. Das zeitgenössische Individuum zieht es vor, keine Risiken mehr einzugehen. Und sich folglich auch nicht zu verlieben. Sich nicht gehen zu lassen. Nicht auf jemanden zu setzen. Nicht zu vertrauen.

Wie könnte man auch jemandem vertrauen, wo doch die ersten Versprechen, die uns gemacht wurden, nicht eingehalten wurden? Wie soll man vertrauen können, wenn man nicht die Möglichkeit hatte, sich unabhängig vom Blick der Erwachsenen zu entwerfen, weil man den Anforderungen nicht gewachsen war, weil unser Wert von den anderen abhängt?

Man mag das Problem noch so sehr drehen und wenden, man bleibt immer an einem Punkt stehen. Wäre die Liebe ein Tauschobjekt, ganz wie jede andere Ware auch, dann wäre die Welt erschreckend.

Ich liebe dich, falls … Ich liebe dich unter der Bedingung, dass … Ich liebe dich, wenn …

Dabei entsteht die Liebe ohne »wenn« und ohne »aber«. Nicht weil sie vollkommen bedingungslos wäre – im Leben gibt es nichts Bedingungsloses –, sondern weil das die einzig annehmbare Bedingung für die Liebe ist: Man geht ein gewaltiges Risiko ein, wenn man sich bereit erklärt, vom guten Willen desjenigen, den man liebt, abzuhängen.

17

Träume
und Kompromisse

Liebesgeschichten habe ich immer schon sehr geliebt. Hoffnungslos romantisch. Ich war es als Kind und ich bin es auch heute noch.

Jacques mokiert sich immer über mich und meine Sentimentalität.

»Du weißt schon, dass das nur ein Film ist«, sagt er dann zu mir, wenn mir bei einer Liebeszene die Tränen in die Augen schießen.

»Na und?«, antworte ich sauer, denn wenn er schon so anfängt, dann lässt er mich nicht mehr in Ruhe.

»Wann wirst du endlich erwachsen?«

»Was geht es dich an? Ich zwinge dich ja nicht mitzuheulen.«

Jacques macht sich über mich lustig.

Aber vielleicht liebt er mich ja auch gerade, weil Liebesfilme mir so gut gefallen und es mich überhaupt nicht schert, was die anderen von mir denken – eine meiner Kolleginnen hat einmal geschrieben, die meisten meiner idiotischen Theorien würden auf dem romantischen Traum vom Märchenprinzen beruhen und auf der Illusion eines »für immer«, das es nun mal nicht gibt. Idiotische Theorien über das Begehren, die sehr gut zeigten, dass ich aus den feministischen Schlachten der Sechziger- und Siebzigerjahre keinerlei Lehre gezogen hätte; damals habe man endlich begriffen, dass miteinander schlafen genauso sei wie ein Glas Wasser trinken, wenn man Durst habe, dass liebende Frauen ihre Autonomie aufgäben und es dann ja noch besser wäre, Prostituierte zu sein und offen über den Preis zu verhandeln, statt sich von in die Liebe verliebten Moralisten in eine Opferrolle drängen zu lassen, denn Prostituierte seien niemals Opfer; selbst wenn sie vergewaltigt würden, sei das im Grunde nicht so schlimm, alles sei gut, das sei schon in Ordnung, wir sollten diesen Zensoren doch endlich ein Ende bereiten! Schluss mit dieser Moralphilosophie, die immer noch den Anspruch hat, das, was in unseren Schlafzimmern vor sich geht, legitimieren oder verurteilen zu dürfen. Schluss mit dieser Liebe. Es gibt sie nicht, und wenn es sie gäbe, müsste man sie zerstören!

Jacques macht sich über mich lustig.

Aber vielleicht liebt er mich ja auch, weil ich noch an die Liebe glaube und es mir herzlich egal ist, wenn man mich für ein naives Mädchen hält, wenn ich sage, dass ein Leben ohne Liebe sinnlos wäre und dass ich mich erst seit unserer Begegnung erfüllt und glücklich fühle, aber auch verletzlich, denn wenn er mich verlässt, was wird dann aus mir?

Jacques macht sich über mich lustig.

Aber vielleicht liebt er mich ja auch, gerade weil ich mich nicht für die Tränen schäme, die mir in die Augen schießen, wenn ich wieder einmal *Die kleine Meerjungfrau* lese und bei der Stelle ankomme, bei der sie sich weigert, den Prinzen zu töten, und sich in Schaum verwandelt.

»Sag mal, Oma, erzählst du mir, wie ihr euch kennengelernt habt?«

Als ich klein war, habe ich meine Großmutter immer mit Fragen bombardiert. Das war schön anzusehen, wie Oma und Opa nach so vielen Ehejahren immer noch Hand in Hand durch die Straßen liefen.

»Das war nett, wie ihr mich immer von der Schule abgeholt habt.«

Wer weiß, warum sich die Liebesgeschichten unserer Großeltern immer wie Märchen anhören. Sie sind zahlreiche Kompromisse eingegangen, und es hat immer einer von beiden nachgegeben, aus Schwäche oder einfach nur, um seine Ruhe zu haben.

Aber das versteht man erst, wenn man selbst mit der Realität aneinandergeraten ist – weil er vergessen hat, einzukaufen oder die Blumen zu gießen; weil sie immer nervöser wird und am Abend zu müde ist, um noch ein

Abendessen zu kochen. Und wer kümmert sich um die Hausaufgaben der Kinder? Wer bringt sie in die Badewanne?

Das dürfte früher nicht anders gewesen sein. Nur zeigte man es nicht. Und vor allem trennte man sich nicht gleich wegen eines falschen Worts, wie man das heute tut. Heute ist alles immer sehr konfus. Und eines schönen Tages steckt man in fruchtlosen Polemiken fest.

»Wusste ich's doch, hab ich mich wieder reinlegen lassen.«

»Aber wovon redest du?«

»Du bist nicht besser als die anderen.«

»Welche anderen?«

»Du liebst mich nicht.«

»Du bist wie deine Mutter.«

Man streitet sich, man trennt sich, man lernt einen anderen kennen.

Man streitet sich, man trennt sich, man lernt einen anderen kennen.

Man streitet sich, man trennt sich, man lernt einen anderen kennen.

Nicht, dass es die Liebe nicht mehr gäbe. Nur Zyniker reden so und glauben, die Liebe sei eine schreckliche Verirrung, eine einzige große Lüge über die Dinge und die Menschen, letztlich nichts als Sklaverei, eine Abhängigkeitsbeziehung und eine Illusion.

Aber das ist gar nicht das Problem. Ausgenommen, man ist der Überzeugung, man könne nie eine andere Person lieben. Ihr Gutes tun wollen. Sie glücklich machen.

Das Problem ist, dass man die Liebe mit dem ganzen Rest verwechselt. Und die Projektion des idealen Selbstbilds auf eine andere Person Liebe nennt. *Alles* für sich behält. Nie eine Entscheidung trifft. Und in der Erwartung lebt, *alles* zu werden. Alles Gute der Welt. Alle Liebe der Welt.

Was machen wir also mit dem, was uns fehlt und was uns verfolgt – mit dem, wovon wir als Kind geträumt haben, um unsere Leere zu füllen, dem wir nachgejagt sind, das wir uns erhofft haben und das wir nur weggeworfen haben, weil es nicht der Richtige war, nicht das Richtige, nicht das, was wir uns erträumt hatten?

Was sollen wir mit der Angst tun, die wir in uns tragen, denn wenn wir lieben, verlieren wir die Kontrolle, wir haben das Gefühl zu ersticken, und er profitiert davon – wie viel besser ist da eine »Wegwerfbeziehung«, hoffentlich verliebt man sich wenigstens nicht, und er klammert nicht, und wir auch nicht, und keiner von beiden erstickt den jeweils anderen, indem er um jeden Preis zu verstehen versucht, ob der andere uns wirklich liebt und wie sehr er uns liebt und ob er einen immer noch lieben würde, wenn man eine Aneurismaruptur hätte und an einen Rollstuhl gefesselt wäre, wie mein Großvater, der fünfundzwanzig Jahre lang kein Wort von sich gegeben hat, während meine Großmutter ihn gepflegt hat, und der manchmal wütend wurde, es ihr aber nicht sagen konnte.

Wahrscheinlich umfasst das Konzept der »Wegwerfbeziehung«, die Zygmunt Bauman an den Pranger stellt, die Unfähigkeit, dauerhafte Beziehungen aufzubauen und sich für den anderen zu opfern: Sobald der andere uns enttäuscht, gehen wir weiter zur nächsten Liebesgeschichte.

Aber auch und vor allem ist da die Angst, sich einer anderen Person hinzugeben. Weil sie uns verraten und allein lassen kann. Sie kann unsere Verletzlichkeit missbrauchen und uns Leid zufügen. Sie kann uns schöne Versprechungen machen, ohne uns etwas zu geben.

Wer als Kind die Erfahrung gemacht hat, dass er alleine bleiben kann, ohne völlig dem Schmerz zu erliegen, alles verloren zu haben, kann sich völlig hingeben, ohne ein weiteres Mal sein Leben zu riskieren. Er kann daraus lernen, dass die Liebe uns vielleicht leer macht, uns aber nicht vernichten kann. Er weiß fortan, dass er mit dem Verlust des anderen alles verliert, nur nicht sich selbst.

Und wenn jemand als Kind nichts gelernt hat? Wenn jemand bereits psychisch erloschen ist, weil er zu früh verlassen wurde, bevor er in der Lage war, alleine klarzukommen? Jemand, der nur schwer vorankommt, indem er sich in seinem Tun an dem festhält, was er soll, ohne je die Kontrolle zu verlieren, denn sollte das geschehen, so würde er wieder untergehen? Jemand, der andere hintergeht, um nicht selbst hintergangen zu werden, und der fortgeht, um nicht verlassen zu werden?

Die Sache ist einfach. Und banal. Und schrecklich auch. Ein solcher Mensch wird nie an seine Mitmenschen glauben und sich gehen lassen und das Risiko eingehen, jemanden zu lieben.

Diese Liebe, die der Existenz Form verleiht.

Diese Liebe, die alles umfasst.

Alles. Immerzu.

Selbst wenn der andere gar nicht da ist.

Mittlerweile mache ich sie auf, diese Tür… Aber du, was machst du? Du denkst an mich, du sprichst mit mir, du hörst mir zu, du rufst mich an, du schreibst mir, du tröstest mich, du machst mir ein Geschenk, nicht wahr? Du holst mich von der Metro ab, du gehst mit mir aus, du begleitest mich zum Flughafen, du nimmst mich fest in die Arme, du sagst mir, dass du mich liebst, du sagst mir, dass du mich liebst, du sagst mir, dass du mich liebst… Aber liebst du mich wirklich? Du sagst es mir, nicht wahr?

Aber vielleicht denkst du ja nicht an mich, sprichst nicht mit mir, rufst mich nicht an, schreibst mir nicht, tröstest mich nicht, machst mir kein Geschenk. So ist es, nicht wahr?

Und dann holst du mich nicht von der Metro ab.

Du gehst nicht aus mit mir.

Du nimmst mich nicht fest in den Arm.

Du liebst mich nicht. Du liebst mich nicht. Du liebst mich nicht.

Aber wie behandelst du mich? Für wen hältst du mich? Warum sollte ich dir vertrauen?

18

Was verabscheust
du am meisten?

Warum ist im Leben immer alles so schwierig? Warum passiert nie einmal etwas einfach so, ohne große Anstrengung? Warum ist es selbst in der Liebe so schwer, dafür zu sorgen, dass der andere uns zuhört, uns versteht, uns akzeptiert?

Die Liebe ist der Prüfstein all unserer Erwartungen. Selbst wenn es zu spät ist. Und es nichts mehr gibt, gar nichts mehr, keinen Traum, keinen Ausweg.

Die Intensität der Begegnung – die dazu führt, dass wir ihnen an den Lippen hängen, weil etwas uns sagt, dass sie uns verstehen und uns zu Prinzessinnen machen können –, diese Intensität dauert nur ein paar Augenblicke. Und dann sind wir für den Rest unseres Lebens damit beschäftigt, uns immer wieder zu erinnern, wie nett es war, ihn von seiner Kindheit erzählen zu lassen, als er sonst was angestellt hätte, nur damit sein Vater ihn in die Schule brachte. Oder wie seine Mutter weinte und er sie trösten wollte, sein Vater aber sagte, er solle weggehen, seine Mutter sei viel zu müde. Und dann hättest du seinen Vater am liebsten angeschrien, er sei böse, aber sobald das Wort »böse« aus deinem Mund kam, schriest du es auch schon deinem Vater ins Gesicht, und alles fiel in sich zusammen. Denn der andere wurde wieder zum Fremden, und du warst wieder allein mit der schmutzigen Wäsche, die man im Kreis der Familie wäscht. Auch er verlor seine Reize. Selbst wenn er dich ein paar Augenblicke lang beim Waschen der schmutzigen Wäsche im Kreis der Familie nicht alleine ließ.

Aber das war vorher.

Vor dem Augenblick, als er »böse« sagte.

Vorher.

»Hörst du dir eigentlich manchmal selber zu bei dem, was du sagst? Merkst du nicht, dass du völligen Schwachsinn redest?«

Eines schönen Tages versetzt uns der Mann, den wir lieben, diesen verbalen Hieb. Obwohl er uns liebt. Weil er genau weiß, dass die anderen nicht bereit sind, sich unser Gejammer anzuhören.

Was verabscheust du am meisten? Lügen, die Sommergewitter Ende August, Lügen, streunende Katzen, Lügen, den Geruch von Mottengift, Lügen, weiße Haare, Lügen,

Menschen ohne Selbstkritik, Lügen, Schmutz und Arroganz, Lügen.

Eines schönen Tages stellen wir dem Mann, den wir lieben, diese Frage. Weil wir ihn lieben. Und weil wir die endlose Liste dessen, was wir nicht leiden können, mit ihm teilen möchten: sich für jemanden halten, der man nicht ist, vom Hölzchen aufs Stöckchen kommen, endlos herumsalbadern, über andere urteilen …

Aber die meisten Männer hören nicht mal zu. Und vielleicht ist das auch gut so. Auch wenn ich ihnen am liebsten zubrüllen würde, dass sie drauf und dran sind, innerlich zu verkümmern. Dass sie schon tot und begraben sind. Dass sie nie gelebt haben.

Auf ihr iPhone starrend, hasten sie durchs Leben, um nur ja keine Zeit zu verlieren und ihre Energien optimal zu nutzen. Sie häufen Titel und Reichtümer an. Und sind so sehr damit beschäftigt, dem »rechten Weg« zu folgen, dass sie nichts mehr empfinden.

Das Leben verkommt zu einer Abfolge nützlicher Gesten, denn nur ein Narr wird verrückt vor Liebe. Ein erschreckender, eiskalter Zusammenhang, der uns für alle Zeiten den Weg der Irrungen und Wirrungen versperrt.

Und wenn der Sinn des Lebens woanders läge?

Wenn es gerade das Abkommen vom rechten Weg ist, was Freude in unser Leben bringt?

Je mehr Zeit vergeht, desto machtloser fühle ich mich. Und nichts ist schlimmer als Ohnmacht.

Nichts tun können. Nichts sagen können. Nichts denken können. Weil das ja auch letztlich zu nichts führt.

Man wird mir nicht zuhören, man wird mich nicht verstehen, man wird mich falsch verstehen.

Jeder hat seine innere Musik, die ihn daran hindert, zu hören, was die anderen sagen. Man hört nur das, was man schon kennt. Man hört nur das, was man selbst auch denkt.

Dino Buzzati bringt das in *Tatarenwüste* sehr schön zum Ausdruck: »In diesen Tagen wurde sich Drogo zum ersten Mal darüber klar, wie fremd selbst sogenannte Freunde einander im Grunde stets bleiben. Die alte Wahrheit, dass niemand des anderen Schmerz und Sorgen mitzutragen und mitzuempfinden vermag, musste er jetzt schmerzlich am eigenen Leib erfahren, und er fühlte sich einsam wie nie zuvor.«

In der Liebe stellt sich auch immer die Frage nach dem Anerkennen.

Anerkennen, dass es unmöglich ist, genau zu sagen, was man sagen will, weil einem die rechten Worte fehlen. Manchmal fehlen einem alle Worte. Sogar die schlechten.

Aber auch die Bemühungen anerkennen, die man unternimmt, um sich verständlich zu machen. Sich seine Bedürfnisse eingestehen. Seine Schwächen.

19

Den Unterschied als
gegeben hinnehmen

»Hier ist die Liste. Ich hänge sie gleich an die Eingangstür. Dann sieht er sie, wenn er aus dem Haus geht.«

Jetzt muss meine Freundin Francesca mein Gejammer über sich ergehen lassen. Sie ist gerade in Paris und auf einen Kaffee vorbeigekommen, um sich meine neue Wohnung anzuschauen. Hier und da stehen noch Kartons mit Büchern herum. Aber der Rest ist aufgeräumt, und ich habe ihr schon vor Monaten versprochen, ihr meine Wohnung zu zeigen.

»Von welcher Liste sprichst du?«

Ich habe nicht einmal Zeit, ihr zu erklären, was ich damit sagen wollte, da spüre ich schon, dass sie verärgert ist.

»Die Liste mit all dem, was er nach wie vor nicht macht, obwohl ich ihn schon tausendmal darum gebeten habe. Was heißt tausendmal? Zehntausendmal!«

»Und das wäre?«

An ihrer Antwort merke ich, dass sie mit den Gedanken ganz woanders ist. Sie weiß, worauf ich hinauswill, und hat keine große Lust, mir dorthin zu folgen.

»Die leere Kaffeetasse in die Spüle stellen. Die Aprikosenkerne in den Mülleimer werfen. Seine schmutzigen Unterhosen und Strümpfe in den Wäschekorb werfen. Die Schere wieder an ihren Platz zurücklegen, nachdem er sie benutzt hat. Das Licht im Wohnzimmer ausmachen, bevor er aus dem Haus geht ...«

»Was bist du nur für eine Nervensäge.«

»Nervensäge? Findest du es etwa normal, dass er sich benimmt wie ein kleiner Junge?«

»Lass ihn doch leben. Siehst du nicht, dass du ihn erdrückst? Und dann jammerst du über deinen Vater.«

»Was hat mein Vater damit zu tun?«

»Im Grunde bist du wie er. Zwanghaft und intolerant.«

Vielleicht hat sie ja recht. Ich bin eine Nervensäge. Aber ich bin nicht die einzige. Wie oft haben mir meine Freundinnen etwas über ihre kindischen Ehemänner vorgejammert?

Viele von uns machen das, oft ohne zu merken, dass wir selbst sie zu Kindern machen, indem wir ihnen vorwerfen, sie würden einfach nicht erwachsen werden, kämen mit dem Leben nicht zurecht, seien unfähig, ihren Alltag zu meistern.

»So geht das nicht.« »Das hast du schlecht gemacht.« »Ich habe dir schon tausendmal gesagt, so ruinierst du den Teppich, blockierst du die Waschmaschine, verstopfst du die Spüle, machst du die Dichtung kaputt.« Und so weiter. Indem wir einfach alles in eine Schublade packen, die Einkäufe und die Kindererziehung, die Ferien am Meer und die Alimente für seine Exfrau. Und dann merken wir, dass er immer weniger macht.

Wie soll man den Alltag mit jemandem teilen, wenn man ihm nicht die Möglichkeit lässt, die Dinge auf seine Art zu machen? Wie soll man mit jemandem zusammenleben, wenn man seine Andersartigkeit nicht akzeptiert?

Im Grunde geht es auch in der Liebe um Andersartigkeit und Toleranz.

Die Andersartigkeit akzeptieren. Auf Kontrolle verzichten. Den anderen ertragen. Wenn der andere zerstreut ist, nicht zuhört, türenknallend aus dem Haus geht. Bevor jeder erkennt, dass der andere anders ist, als man gedacht hatte. Weniger großzügig. Weniger aufmerksam. Egoistischer. Denn dann kommt all das ans Licht, was jahrelang verschwiegen wurde. Alles, was wir zu ignorieren vorgaben. Alles, was verloren ging.

Andersartigkeit ist immer ein Synonym für Fremdheit, das störende Element bei Freud (das fast unübersetzbare *Unheimliche*), dieses Etwas, das »anders« ist, nicht nur im Hinblick auf unsere eigenen Wünsche, wie der andere sein sollte, sondern auch im Hinblick darauf, wie wir selbst sind.

Der andere ist da, trotz allem. Immer gegenwärtig.

Bereit, uns daran zu erinnern, dass wir nicht genau das sind, was wir zu sein glauben. Bereit, uns immer wieder zu sagen: »Solltest du wirklich den Eindruck haben, dass du dich kennst, glaub mir, du irrst dich!« Wie könnte man sonst erklären, dass wir immer das genaue Gegenteil von dem tun, was wir eigentlich wollten?

Der andere ist da, trotz allem. An vorderster Front.

Bereit, uns zu widersprechen oder uns recht zu geben. Und wir können nichts dazu. Denn selbst wenn wir das nur ungern zugeben, gehört er doch zu uns. Übrigens: Erst wenn wir diesen anderen akzeptieren, der in uns selbst ist, gelingt es uns wirklich, in Frieden mit uns selbst zu leben, und dann werden wir auch toleranter gegenüber den anderen.

Und dann ist das Leben nicht länger ein täglicher Kampf, in dem wir, nur weil wir »ich bin« sagen, den anderen unweigerlich vergessen. Dieses »Ich«, das manchmal nicht das will, was *ich* will ...

20

Versuch
und Irrtum

»Ich liebe dich.«

Diese Botschaft entdeckte ich nach dem Aufwachen auf dem Spiegel im Badezimmer. In Lila. In derselben Farbe wie der Lippenstift, der wie zufällig dort herumlag.

»Der Typ ist verrückt.«

Ich spüre, wie dieser Gedanke sich mir ganz stark aufdrängt. Man liebt niemanden einfach so, von einem Tag auf den anderen. Wir kann er behaupten, mich zu lieben?

Und dann werde ich für einen Moment ganz traurig. Wann bekam ich das zum letzten Mal gesagt?

Mit Paul mache ich einen Intensivkurs in Sachen normales Leben – morgens unter der Dusche Oldies aus dem Radio, abends Kino, obwohl gar nicht Samstag ist. Am Wochenende raus aufs Land zum Kastaniensammeln.

Ohne Hausfrau spielen zu müssen. Oder in Wettstreit mit bereits erwachsenen Kindern treten zu müssen. Ohne irgendetwas Bestimmtes zu suchen.

»Hast du ihn geliebt?«

»Ich weiß nicht. Ich glaube nicht.«

»Und er?«

»Ich weiß nicht. Er hat es mir zwar immer wieder gesagt.«

»Und dann?«

»Dann bin ich Jacques begegnet.«

»Und er?«

»Hat geheiratet und ein Kind bekommen.«

»Dann hat er dich nicht geliebt.«

»Als ich ihm einmal auf der Straße mit seinem Sohn begegnet bin, hat er gesagt, das könnte unser Sohn sein.«

»Und du?«

Auch in der Liebe tastet man sich langsam voran und irrt sich immer wieder. Wie in wissenschaftlichen Theorien. Nur dass immer einer leidet, wenn man auf dem Holzweg ist. Und Leiden ist immer nutzlos. Sinnlos. Es hinterlässt einen bitteren, schmerzlichen Geschmack im Mund. Wäre ich doch nur geblieben. Hätte ich doch auf ihn gehört. Hätte ich doch nur ein Kind bekommen.

Trifft man wirklich eine Wahl im Leben? Diese Freiheit, über die so viel geredet wird, gibt es sie wirklich? Oder ist nicht vielmehr alles Schicksal? Ein Schicksal, bei dem alles schon vorherbestimmt ist? Also wählt man nichts, entscheidet nichts, folgt bloß dem vorgezeichneten Weg. Und den Rest seines Lebens fragt man sich, warum.

»Wenn ich ein Kind hätte, dann müsste ich morgens in aller Frühe aufstehen, um es zur Schule zu bringen, stimmt's?«

Intermezzo Nr. 5

[...] nämlich, daß ein Gedanke kommt, wenn »er« will, und nicht wenn »ich« will; so daß es eine Fälschung *des Tatbestandes ist, zu sagen: das Subjekt »ich« ist die Bedingung des Prädikats »denke«. Es* denkt: aber daß dies »es« gerade jenes alte berühmte »Ich« sei, *ist, milde geredet, nur eine Annahme, eine Behauptung, vor allem keine »unmittelbare Gewißheit«.*

Friedrich Nietzsche, *Jenseits von Gut und Böse*

Wer spricht, wenn »ich« sage: »Ich liebe dich«? Wer liebt wen? Wer sagt »ich«?

Da muss man nicht viele Worte machen. Schneidet man nicht die Frage nach der Subjektivität an, sollte man es besser bleiben lassen. Es gibt keine Liebe ohne ein »Ich«, das fordert, fleht, bittet, fragt, schimpft. So wie es auch keine Liebe gibt ohne ein »Ich«, das antwortet, auch wenn die Antworten nicht auf die Fragen Bezug nehmen und auch wenn das »Ich« stottert auf der Suche nach einer Wahrheit, die es nicht gibt.

Übrigens, wozu wäre es gut zu lieben, wenn man nicht

auch die Wahrheit suchen würde, jene Wahrheit, die manchmal zerbröckelt und verschwindet, die uns am Leben hält, der wir immer nachlaufen, die manchmal an die Oberfläche tritt?

Alles wäre einfacher, hätte Descartes recht gehabt und wäre das Subjekt des »Ich denke« auch das »Ich«, das zweifelt, träumt, sich ärgert, hofft und liebt.

Aber im Leben sind die Dinge komplizierter als beim kartesianischen *cogito*. Und selbst wenn wir davon überzeugt sind, dass das »Ich«, das sich ärgert, das schreit, weint oder liebt, jenes »Ich« ist, das denkt, liefert die Realität schnell den Gegenbeweis.

Der große Descartes hat sich geirrt. »Ich« bin niemals dort, wo ich denke. »Ich« kann niemals die Gewissheit meiner Existenz besitzen, nur weil ich zweifle. Im Gegenteil. »Ich« bin vor allem da, wo ich nicht denke.

»Ich« bin in dem Gestammel eines Diskurses, der sich verzettelt und verstrickt, Erbe einer Geschichte, die mich durchzieht und deren Herkunft für alle Zeiten ein Geheimnis sein wird. Dieses Unbewusste der Psychoanalyse, die heute nicht mehr so in Mode ist und die uns trotz alledem determiniert.

Nur wenn wir im Tiefsten danach graben, nähern wir uns der Wahrheit dieses »Ichs«. Dieses Magmas, das uns ohne ersichtlichen Grund erschüttert und trotzdem immer recht behält. Denn es spricht inmitten dieses Magmas, das uns begegnet. Es erkennt die Spuren eines Wunschs, der sich sucht.

Wo bin ich also, wenn ich liebe? Kann ich, wenn ich liebe, sicher sein, dass wirklich ich es bin, die liebt? Die sich aufregt oder verzweifelt, wenn mein Gegenüber mir gar nicht zuhört oder fortgeht?

Das Problem jedes Einzelnen von uns ist nicht nur, zu wissen, wer wir sind, sondern auch – oder vielleicht vor allem –, zu wissen, wo wir hingehen. Zu wissen, ob wir uns etwas annähern oder uns von etwas entfernen. Zu wissen, welchen Weg wir einschlagen sollen, sobald wir der Kindheit entwachsen sind.

Das »Ich« versucht, seinen Platz in der Welt zu finden. Die meiste Zeit rezitiert es Rollen, die es sich nicht selbst ausgesucht hat, zumindest nicht bewusst. Manchmal beschließt es, sich nicht den Erwartungen der anderen zu beugen, und lehnt sich auf. In anderen Fällen, wenn es zu lang in der Täuschung verharrt, erschöpft es sich und stürzt schon bald in den tiefen Abgrund des Unbekannten, ohne jeden Halt, verloren in seiner Sinnsuche.

»Ich« hat eine instabile Position inne: Es ist das, was sich um einen Kern herum kristallisiert, und zugleich das, was sich beständig verändert. Es irrt umher. Es entwickelt sich ständig in andere Richtungen.

Es wird vom Formlosen bewohnt. Das es unablässig dazu antreibt, die Chance einzufordern, in dem Theaterstück, in dem es spielt, die Hauptrolle zugeteilt zu bekommen.

In genau diesen Momenten steigen Spuren des Selbst an die Oberfläche wie ein erstickter Schrei. Und dennoch... Wie können wir all dem Glauben schenken?

Es kommt vor, dass wir nur ein Idealbild von uns selbst geliebt haben. Dieses besondere Bild, das der andere uns spiegelt und das uns schmeichelt, selbst wenn wir ganz genau wissen, dass wir ein »anderer« sind. Dieses Bild, dem wir von ferne den Hof machen, obwohl wir wissen, dass es sich nur um ein Fragment von uns selbst handelt.

Es kommt auch vor, dass wir die Möglichkeit geliebt haben, die der andere uns zu eröffnen scheint, ein »anderer« zu sein im Vergleich zu den Rollen, die wir sonst spielen: Seine Gesten suggerieren uns, dass es einen Ausweg aus dem uns niederdrückenden »Sein-Müssen« gibt, das es uns erlaubt hat, zu wachsen und voranzukommen, das nun aber nach langen Jahren der Gewohnheit zu eng ist, wie ein altes Kleidungsstück, das uns nicht mehr passt.

Und manchmal wissen nicht einmal wir selbst, was wir lieben. Und dann steht uns vor Staunen der Mund offen, weil sich etwas in uns regt, das wir nicht benennen können.

»Ich liebe dich.«

Aber »wer« liebt »wen«? Wer dieser zahllosen »Ichs«, die wir in uns tragen, liebt dieses »Du«, das wir zu lieben behaupten und das wir vielleicht nur fälschlicherweise für die Person halten, die wir lieben?

Nur wer glauben will, dass er immer mit sich selbst identisch ist – ohne Brüche und ohne Widersprüche –, stellt sich keine Fragen zu seiner Liebe.

Wie jene, die sich selbst lieben und nur die lieben, die sie zurücklieben. Ohne an dem zu zweifeln, was sie empfinden. Oder die so tun, als wüssten sie es, indem sie sich mit guten Manieren und vorgefertigten Phrasen zufriedengeben.

Auf welche Basis kann man also die Liebe stellen? Wenn ein jeder von uns die ganze Zeit damit beschäftigt ist, etwas »anderes« zu sagen, als was er sagt, und in seinen Taten dem zuwiderzuhandeln, was er eigentlich fordert, können wir da jemals einem Menschen vertrauen, der sagt, er liebe uns? Wer liebt wen?

Im Leben gibt es keine Kohärenz. Das Einzige, was man tun kann – wenn man den Lügen und der Falschheit abschwört –, ist, sich mit seinen Fehlern und Widersprüchen abzufinden. Und niemals – aber auch wirklich niemals – aufzuhören, dem zuzuhören, der an unserer Seite ist, nachdem man auf sich selbst gehört hat.

Zuhören und auf sich selbst hören. Denn nur wenn wir auf das Geräusch hören, das in uns tönt, sind wir anschließend bereit, das Wort des anderen in uns aufzunehmen.

»Wer, so der Wind nicht, er nur, weint hier, zur Stunde, die allein ist mit Diamanten, mit fernsten … Wer? Und wie so nahe mir, die selber so nahe am Weinen ist?«, schreibt Paul

Valéry in *Die junge Parze*, in der er der Liebe seine Stimme leiht. Dieses infantile und ungrammatikalische Gestammel. Denn der, der liebt, ist immer neben mir in dem Augenblick, in dem ich liebe. Selbst wenn »ich« nicht da bin, wo ich denke.

Aber vielleicht ist genau das der Grund, weswegen »ich liebe«, während ich liebe, und dabei zumindest einige Augenblicke nicht an die Liebe denke.

21

Ich liebe
mit dir

»Die Dinge der Liebe«, »Die Kunst des Liebens«, »Sich verlieben«, »Die Liebeskultur«. »Woher sprichst du?«, frag-
ten die Trotzkisten in den Siebzigerjahren, um Leute, die
nicht zum System gehörten, daran zu hindern, ihre Meinung zu sagen. Woher sprichst du? Auch heute noch stellt
man sich diese Frage. Viel zu selten, wenn man bedenkt,
dass man sich nur dann, wenn man erklärt, aus welcher
Position heraus man spricht, anschließend ganz für das
einsetzen kann, was man sagt.

Wenn man erklärt, aus welcher Position heraus man
spricht, gesteht man ein, dass man, wenn man spricht
oder schreibt, gar nicht anders kann. Weil es dringend
nötig ist, dass man spricht. Oder manchmal auch brüllt.
Dann bekommt auch das Sprechen einen neuen Sinn,
dann ist es nicht mehr nur ein einfacher Signifikant ohne

Signifikat, sondern eine Art, den anderen verständlich mitzuteilen, was man wirklich will.

»Liebe«. Ein Wort, das sowohl ein Gefühl als auch eine Beziehung zum Ausdruck bringt. »Ich liebe genau dich.« Weil du das Objekt meiner Liebe bist. Aber du bist auch derjenige, der die Liebe möglich macht. Weil du nicht einfach nur ein Gegenstand bist. Wärest du nur ein Objekt, das mir gehört, wäre die Liebe keine Liebe mehr, sondern Besitz. Wärest du nur ein Gegenstand, würde alles im Nichts des Besitzes verschwinden.

»Ich liebe *mit* dir.« Weil sich hinter der Beziehung zwischen einem »Ich« und einem »Du« immer die Lust verbirgt, durch die Welt zu reisen und etwas zu bauen. Eine Spur von etwas zu hinterlassen, das einmal existiert hat. Dem Lauf der Tage einen Sinn zu geben.

»Und wenn ich nicht mehr bei dir bleiben will? Wenn es mir nicht mehr gelingt, *mit* dir zu lieben?«

Die Beziehungen, in denen wir leben, sind meistens banal. Von äußerster Banalität. Nicht etwa, dass die Liebe banal wäre. Das ist sie keineswegs. Aber in vielen Beziehungen gibt es nur wenig Liebe.

Diese plötzlich erwachende Neugierde – Liebe ist das nicht. Das Gefühl von Leere, das mir den Hals zuschnürt, wenn er nicht auf meine Nachrichten antwortet – Liebe ist das nicht.

Man denkt, es sei Liebe. Man nennt es so. Am Ende ist man sogar selbst davon überzeugt. Aber oft genug ist es nur eine flüchtige Leidenschaft.

Selbst wenn man sehr leidet. Letztlich vor allem dann, wenn man sehr leidet.

Die Liebe beginnt immer hinterher. Wenn der Leidenschaft die Zuneigung folgt. Und man dem anderen zu vertrauen beginnt. Und wenn man »*mit* dem anderen lieben« kann.

Man kann das Problem noch so drehen und wenden, Liebe und Vertrauen wird man nie ganz trennen können. Dieser hauchdünne Faden, der uns mit dem anderen verbindet und den man weder einfordern noch anordnen kann, da man nie wissen kann, wie ein Mensch sich verhalten wird, sobald man sich in seine Hände begibt: Wird er sich unseres Vertrauens würdig erweisen oder wird er uns verraten, können wir auf ihn bauen oder wird er sich aus dem Staub machen, sobald wir seine Unterstützung brauchen?

Dieser hauchdünne Faden, der aber fundamental ist. Denn wenn wir nicht einmal dem vertrauen können, der da behauptet, uns zu lieben, wie sollten wir da den Wechselfällen des Lebens trotzen können, den verlorenen Schlachten und zerbrochenen Träumen, dem Elend unseres Alltags?

Liebe und Vertrauen gehen Hand in Hand. Wenn man *mit* dem anderen liebt und dem Versprechen, da zu sein und zuzuhören, nicht untreu wird, selbst wenn es einfacher wäre, sich die Ohren zuzuhalten und sich nicht von den Ängsten des anderen überrollen zu lassen, weil wir selbst schon viel zu viele haben und für die des anderen kein Platz mehr ist ...

Eine Liebe, die allen Raum einnimmt. Weil man *mit* dem anderen denkt und fühlt. Selbst wenn man verschieden ist, unterschiedliche Meinungen vertritt, anders handeln würde.

Und dann entdecken wir ganz unabsichtlich, dass das Leben ein ständiges Kommen und Gehen ist zwischen einem »Ich«, das spricht, und einem »Du«, das zuhört.

Um den Abstand zu überbrücken, der uns von uns selbst trennt.

Man sagt, die Liebe sei blind. Aber im Grunde ist das nicht richtig. Denn nur, wenn wir lieben – wenn wir *mit* dem anderen lieben –, gelingt es uns, die Tiefe unseres Wesens zu sehen und zu berühren. Dieses Wesens, das uns schon so viele Jahre entgleitet. Da wir uns zu sehr auf unsere Außenwirkung konzentrieren. Zu sehr mit dem beschäftigt sind, was die Leute über uns denken könnten.

Die Liebe kennt keine Verschnaufpause. Sie ist fordernd.

Und es genügt ein Augenblick, und schon halten wir in unseren Händen nur noch die leere Hülle all dessen, was wir verloren haben.

22

Ich muss aufhören
zu jammern

Ich habe einen guten Mann an meiner Seite. Der mich so liebt, wie ich bin. Obwohl ich nur ich selbst bin. Einfach nur ich. Mit all meinen Ängsten und Problemen. Mir gehen viel zu viele Gedanken durch den Kopf. Wie in einer Starkstromleitung.

»Ich muss aufhören zu jammern. Ich muss aufhören zu jammern. Ich muss aufhören damit. Basta!«

Das sage ich jeden Tag. Oder fast jeden.

Gleich morgens nach dem Aufstehen, wenn ich schon schlechte Laune habe, weil das Kind unter uns brüllt, weil Jacques aus dem Haus gegangen ist, ohne vorher sein Bett zu machen, weil es regnet. Und wenn nicht gleich morgens, dann eben abends. Weil die Studenten alles durcheinanderbringen. Weil der Drucker einen Papierstau hat.

»Ich muss aufhören zu jammern. Ich muss aufhören zu jammern.«

Diesmal höre ich endgültig auf. Sonst wird es zur Gewohnheit, und Jacques wird am Ende die Nase voll haben. Er sagt schon seit einiger Zeit, ich würde ständig »rumjammern«.

»Rumjammern. Was für ein blödes Wort!«

Trotzdem, vielleicht hat er ja recht.

Diesmal höre ich auf. Ich jammere nicht mehr, heiliges Indianerehrenwort.

Ich versuche, das Glas halb voll zu sehen, wie mein Vater es mir immer gepredigt hat, auch wenn er sich selbst überhaupt nicht daran hielt.

Ich mache es wie alle.

Ich gehe aus dem Haus, komme wieder heim, schreibe, lese, gehe auf Twitter, sehe fern, räume meinen Papierkram auf, sauge die Wohnung durch, bereite meine Seminare vor, rauche eine Zigarette, bügele, gehe aus dem Haus, komme wieder heim, schreibe, lese, gehe auf Twitter, sehe fern, räume meinen Papierkram auf, sauge die Wohnung durch, bereite meine Seminare vor, rauche eine Zigarette, bügele.

Wie alle anderen, die vor lauter Herumrennerei gar nicht mehr die Zeit haben, sich zu fragen, wie es ihnen eigentlich geht.

Vielleicht ist es ja nur eine Frage der Zeit. Im Unterschied zu anderen Menschen habe ich zu viel Zeit zum Nachdenken. Oder zu wenig, um zur Ruhe zu kommen. Das ist eine Frage des Blickwinkels.

Der Mann, den ich liebe, ist ein schwankender Boden. Vor allem, wenn meine Tränen reichlich fließen und er nicht versteht, warum, es ist doch alles bestens, alles in allem. Die Universität. Die Bücher. Die Vorträge.

Was wäre denn, wenn ich jeden Morgen im Morgengrauen aufstehen müsste, um in die Fabrik oder ins Büro zu gehen, und der dortige Leiter der Personalabteilung mich auf dem Kieker hätte? Was wäre, wenn ich keine Arbeit hätte, wenn ich schon seit Jahren in Armut leben müsste, wenn ich im Exil wäre, wenn ich nicht genug Geld hätte, um bis zum Monatsende über die Runden zu kommen oder für mein Baby Windeln zu kaufen, Lebensmittel einzukaufen, meine Steuern zu zahlen, in Urlaub zu fahren?

»Ich muss aufhören zu jammern. Ich muss aufhören zu jammern.«

Aber wie? Warum versteht er nicht, dass mich manchmal die Vergangenheit einholt und dann alles wieder kompliziert wird?

23

Und dann
haut es einen hin …

Ich habe in meinem Leben viele Männer gehabt. Aber welchen von ihnen habe ich wirklich geliebt? Bei welchen habe ich nur so getan als ob?

Ich konzentriere mich, versuche, mir ein wenig Überblick zu verschaffen. Auf der einen Seite die kurzen Affären. Auf der anderen die wahren Liebesgeschichten. Auf der einen Seite die Männer, die mich verlassen haben. Auf der anderen die, die ich betrogen habe.

»Was verstehst du unter ›betrogen‹?«, fragt mich Francesca, für die Untreue etwas ganz Fürchterliches ist. Ihrer Meinung nach darf man niemals jemanden betrügen.

»Dass ich sie nicht wirklich liebte. Und dass ich alles dafür tat, dass sie gingen.«

»Und?«

Und dann ist da noch all das, was man nicht erzählen kann.

Weil es uns nichts angeht. Das heißt, doch, denn wir haben es ja selbst erlebt. Aber es geht nicht nur uns etwas an, sondern auch noch andere. Die vielleicht nicht unbedingt in einem Buch auftauchen möchten. Weil ihr Leben nur sie selbst etwas angeht, und niemanden sonst. Und weil sie absolut das Recht haben, sich zu schützen und sich zu verstecken. Selbst wenn sie eine Weile mit uns zusammengelebt und sich dabei eingeredet haben, sie müssten einfach nur die Tür hinter sich zuknallen, und schon sei alles wieder wie zuvor.

Aber im Grund ist das kaum von Bedeutung. Man muss nicht immer alles erzählen. Vor allem nicht, wenn man hinfällt.

Selbst wenn die Narben sichtbar sind, denn im Leben können wir nichts einfach wieder ausradieren, alles hinterlässt unauslöschliche Spuren. Wir fallen hin und stehen wieder auf.

»Und wenn ich mittlerweile in tausend Stücke zersprungen bin?«

»Tja, Pech gehabt. Daran hättest du früher denken müssen. Du hättest eben besser aufpassen müssen.«

Am schlimmsten sind die Gespräche, die ich mit mir selbst führe. Obwohl ich schon oft versucht habe, etwas nachsichtiger zu sein, bin ich immer noch sehr streng mit mir. Vielleicht wirke ich deshalb auf andere manchmal unnachgiebig, ja fast schon eiskalt. Während in Wahrheit jede noch so kleine Kleinigkeit mich rührt und ich so gut wie alles verzeihe. Aber mit mir selbst ist das anders. Es gelingt mir immer noch nicht, mir wirklich zu vergeben.

»Was meinst du mit ›besser aufpassen‹?«

»Dass es offensichtlich war. Dass du dir wieder einmal Illusionen gemacht hast. Diesmal sogar noch mehr als zuvor. Denn man kann doch nicht alles zum Teufel jagen, nur weil in einer Beziehung der Moment kommt, in dem es langweilig wird, in dem man den Alltag nicht erträgt und versucht, noch einmal von vorn anzufangen, nur um dann zu merken, dass man gerade die einzige Sache in den Sand setzt, die in unseren Augen zählt.«

»Wovor laufe ich eigentlich davon? Welchen Verrat versuche ich immer wieder neu zu inszenieren? Was treibt mich dazu, den Menschen, die ich am meisten liebe, etwas anzutun, das ich selbst nicht ertragen könnte?«

Aber diesmal ist Schluss. Jeder Mensch macht im Leben viele Fehler. Selbst Jacques hat mir vergeben. Und seitdem bin ich frei.

Ich habe die Freiheit, in jedem Augenblick meines Lebens ich selbst zu sein. Die Freiheit, glücklich oder traurig zu sein. Auch die Freiheit, ihn nicht für das, was ich gesagt oder getan habe, um Verzeihung zu bitten. Er verzeiht mir sowieso immer.

»Auch wenn du ihn betrügst?«

Diesmal will Francesca einfach nur verstehen. Irgendetwas an meiner Beziehung zu Jacques bleibt ihr unbegreiflich. Sie weiß nicht mehr, wer das Opfer und wer der Schuldige ist. Für sie gibt es keine halben Sachen: Entweder man beherrscht den anderen oder man wird beherrscht. Für sie gibt es notgedrungen immer einen, der quält, und einen, der leidet. Aber das alles ist komplizierter, als wir uns das so vorstellen, und die Realität macht niemandem ein Geschenk, denn im Leben sind wir oft Opfer und Henker zugleich, vor allem, wenn man schon seit einer Weile zusammenlebt.

»Ich habe ihn nie betrogen. Aber ich bin mir sicher, dass wir nicht dasselbe meinen, wenn wir von ›betrügen‹ sprechen. Für mich bedeutet es, dass man sich um den Menschen, den man liebt, nicht länger kümmert. Dass man ihn in dem Moment, in dem er uns am meisten braucht, alleine lässt. Ihn in dem Glauben lässt, es habe sich nichts geändert, während nichts mehr so ist, wie es einmal war.

»Und wenn man einen anderen Menschen liebt?«

»Man liebt immer viele Menschen zugleich. Wenn nicht, würde das bedeuten, dass man innerlich tot ist. Und außerdem, wenn man liebt, dann ist das für immer. Wenn ich jemanden geliebt habe, kann ich nicht aufhören, ihn zu lieben. Auch wenn die Liebe sich wandelt.«

»Einverstanden, aber wenn du dich in einen anderen Menschen verliebst?«

»Das kann immer passieren. Es kommt darauf an, dass man eine Wahl trifft. Und ich habe meine Wahl bereits getroffen.«

24

Alles in allem
zwanzig Minuten

Wir haben im Rathaus des sechsten Arrondissements von Paris geheiratet. Zwanzig Minuten, alles in allem. Eine reine Formsache. Obwohl ich jahrelang nichts davon hören wollte.

Nach meiner Scheidung – oder vielmehr nach der Annullierung meiner ersten Ehe, denn bei mir ist natürlich wieder einmal nichts einfach, aber ich nenne es lieber Scheidung, denn eine Eheannullierung ist hier in Frankreich ein religiöser Akt und darf erst nach einer zivilen Scheidung ausgesprochen werden, was letztlich auch logisch ist, denn wie könnte man etwas annullieren, das bereits stattgefunden hat? Was hat es für einen Sinn, eine Ehe zu annullieren? Wie kann man so tun, als sei nichts geschehen? Wie nennt man seinen Exmann, wenn man sich im Nachhinein entscheidet, dass die Ehe nicht stattgefunden hat? Ich hatte mir fest geschworen, nie wieder zu heiraten. Allein schon darüber zu reden war mir zu viel. Wie dem auch sei, man heiratet, um einander anschließend wieder zu verlassen, und ich hatte nicht die geringste Lust, dass Jacques mich verlässt.

Aber wie es oft so geht – bei mir geht das ständig so, das weiß ich mittlerweile, es ist mein Markenzeichen –, wenn man behauptet, etwas Bestimmtes werde man »niemals« tun, dann macht man es am Ende doch. Und so war es auch. Es lebe die Inkohärenz! – ein anders Markenzeichen von mir. Und in der Tat, Jacques sagt die ganze Zeit, ich sei die Verkörperung des Grundsatzes: »Tut, was ich sage, und nicht, was ich tue!«

Aber kommen wir zur Heirat zurück.

Wie ich schon gesagt habe, es war eine bloße Formsache.

Zwanzig Minuten vor dem Bürgermeister des sechsten Arrondissements von Paris, der immer wieder einen verstohlenen Blick auf seine Uhr warf, da sein Fahrer schon wartete, um ihn zur Einweihung der neuen Kinderkrippe im Viertel zu bringen.

Zwanzig Minuten, in denen vor meinem inneren Auge die Männer vorbeidefilierten, die ich geliebt und verloren und wiedergefunden und verlassen und betrogen hatte. Männer, die mich heiraten und ein Kind mit mir haben wollten. Wie oft habe ich ängstlich ein »Nein« geflüstert, schließlich passiert es nicht allen Frauen, dass sie einen Heiratsantrag bekommen. Und wie könnte ich einfach so erzählen, ich hätte ihn abgelehnt, wie könnte ich das zugeben vor all den Frauen, die mir etwas vorjammern, dass sie ewig nur die Geliebte sind, und die zu mir sagen, ich könnte ja gar nicht verstehen, wie das ist, wenn man Weihnachten und Ostern immer alleine verbringt und ständig aufs Handy starrt, in der Hoffnung auf eine SMS von ihm?

Zwanzig Minuten, in denen ich auf den Rock starrte, den ich angezogen hatte – so ein Rock fühlt sich scheußlich an, wieso hatte ich nicht meine Jeans angelassen? –, und mir sagte, ein weißes Kleid wäre doch viel schöner gewesen, so ein Kleid mit einem zehn Meter langen, extra zu diesem Anlass von Hand genähten Schleier, wie damals bei meiner Mutter, und dann anschließend auf Hochzeitsreise gehen.

»Glaubst du, das wird uns Unglück bringen, wenn wir einfach so heiraten, ohne Freunde und Familienangehörige, alles in allem vier Personen, das Brautpaar und die beiden Trauzeugen?«

»Na, wenn das nicht magisches Denken ist!«

Zwanzig lange Minuten, in denen ich den Kaffeefleck auf meiner Jacke anstarrte – wenigstens heute hätte ich doch ein bisschen aufpassen können!

Zwanzig Minuten, in denen ich vor allem eins hatte: Angst. Und wenn jetzt alles vorbei ist? Wenn das jetzt nur der Anfang vom Ende ist? Und wenn ich einen anderen kennen lerne?

Wir haben unsere Hochzeit nicht bekannt gegeben. Sicher, ein paar Leuten mussten wir es sagen. Vor allem, weil wir in letzter Minute den Termin ändern mussten. An dem Tag, den wir uns ausgesucht hatten, fand die Wahl des Präsidenten der Republik statt. Und da konnte ich ja nicht dem Parlament fern bleiben.

Aber meinen Freunden habe ich nicht Bescheid gesagt. Nicht einmal meinem besten Freund. Vielleicht weil das nichts änderte für mich. Oder aber weil es so dermaßen alles änderte, dass ich das nicht akzeptieren konnte. Und da war es dann besser, gar nichts zu sagen.

Wir haben geheiratet, ohne eine Annonce aufzugeben. Weil die Liebe im Grunde mit der Ehe nicht viel zu tun hat. Auch wenn ich heute glücklich bin, dass ich, wenn ich von Jacques spreche, »mein Mann« sagen kann.

Nichts hat sich seither geändert. Oder fast nichts. Auch wenn die Tatsache, dass ich Jacques »meinen Mann« nennen kann, mich beruhigt. Dieses »mein« gefällt mir sehr gut. Aber nur unsere Liebe gehört mir. Und die hat nicht viel mit der Ehe zu tun. Oder fast nichts.

Intermezzo Nr. 6

Vertrauen ist kein leerer Wahn und schließlich das einzige, was verhindern kann, daß die private Welt auch noch zur Hölle wird.

Hannah Arendt – Kurt Blumenfeld, *Die Korrespondenz*

Vertrauen ist immer eine Herausforderung. Man vertraut einer Person, wenn man an sie glaubt, selbst wenn es keinen greifbaren Beweis gibt, dass sie unseres Vertrauens würdig ist.

Man vertraut und gibt sich hin. Man vertraut und hofft. Man vertraut und läuft Gefahr, betrogen zu werden.

Man vertraut, und damit basta.

Aber wie können wir jemandem vertrauen, der uns am Ende verraten wird, denn so ist das Leben, das ist menschlich, das ist normal, wir betrügen einander, betrügen uns selbst, dann bereuen wir es, legen den Rückwärtsgang ein und betrügen einander wieder aufs Neue. Wie kann man einem Menschen vertrauen, wenn das Begehren sich nun mal verändert, sich weiterentwickelt, sich aufbraucht und stirbt? Wie können wir jemandem unser Herz schenken, der uns nichts versprechen kann, denn das wäre doch absurd, wollte jemand versprechen, sich nie wieder zu verlieben?

Angeblich gibt es eine »subversive Kraft« des Vertrauens, und genau sie, obwohl sie anfangs sinnlos ist, rechtfertigt die Treue und macht sie im Nachhinein zu etwas Vernünftigem. Man sagt, gerade weil ich mich dem anderen anvertraue, wird er dadurch angespornt, mein Vertrauen nicht zu missbrauchen und sich dessen würdig zu erweisen. Es ist wie mit dem Vertrauen in *Der Idiot* von Dostojewski, das Prinz Myschkin in Nastassja setzt und damit der jungen Frau ermöglicht, ihre wahre Natur zu entdecken: »Er ist der erste mir wirklich zugetane Mensch, dem ich in meinem Leben begegnet bin«, wird Nastassja sagen. »Er hat auf den ersten Blick an mich geglaubt, und so glaube auch ich an ihn.«

Und dennoch kann ich, gerade weil ich Vertrauen in jemanden setze, von ihm verraten und enttäuscht werden. Weil ich mich seinem Wohlwollen anheimgebe, kann er meine Verletzlichkeit ausnutzen und mir Verletzungen zufügen.

Man sagt, wenn jemand nicht vertrauen oder nicht lieben kann, dann deshalb nicht, weil er überhaupt nicht glauben kann. Denn auch der Glaube ist eine Form der Hingabe. Man überantwortet sich dem Wohlwollen desjenigen, der von hoch oben im Himmel auf uns herabschaut, manchmal mit Erbarmen, oft mit Liebe, denn er kennt unsere Grenzen.

Im Glauben wie in der Liebe geht es immer darum, sich vertrauensvoll in die Arme eines anderen Menschen fallen zu lassen. Es geht um dieselbe Hingabe, die wir als Kind erfahren haben – oder vielleicht auch nicht – und bei der wir gelernt haben, allein zu bleiben, ohne daran zugrunde zu gehen – oder vielleicht auch nicht.

Dieselbe Verlassenheit, die uns überfällt, wenn wir Angst hatten und dann noch viel mehr Fehler machten und noch mehr Angst hatten und am Ende unter dem Gewicht unserer Fehler zusammenbrachen. Weil wir nicht erfahren haben, was Vergebung ist. Weil wir nicht verzeihen können.

Aber wer kann denn wirklich verzeihen? Selbst der ans Kreuz genagelte Jesus musste seinen Vater darum bitten, den Henkern zu verzeihen. Nicht einmal Er war in der Lage dazu …

Vertrauen und Verrat sind, auf ihre jeweilige Art, ein Zeichen unserer Menschlichkeit. Es gibt keine Liebe, die nicht auch Zweifel und Verständnislosigkeit erfährt. Wenn wir hoffen, wir könnten leben und lieben, ohne je verletzt oder betrogen zu werden, dann haben wir nicht verstanden, dass die Begegnung mit dem anderen auch auf dem Nichtgesagten und dem Geheimnis gründet. Wenn wir glauben, wir könnten in jedem Augenblick auf den anderen zählen, dann bringen wir eine falsche Note in das Beziehungsspiel: Der Psychoanalytiker Daniel Sibony schreibt: »Wenn der andere absolut verlässlich ist, dann existieren Sie nicht mehr, oder aber er spielt selbst ein falsches Spiel, indem er

Sie in dem Glauben lässt, er sei noch am Leben, obwohl etwas in ihm längst erstarrt ist.«

Aber man muss geliebt haben und betrogen worden sein und gelernt haben, mit seinen Brüchen zu leben, um zu verstehen, dass der größte Verrat derjenige ist, zu gehorchen und sich anzupassen und dann auch noch zu erwarten, dass der andere uns auch gehorcht und sich an uns anpasst.

Dann entdecken wir auch schon bald, dass das Einzige, dem treu zu bleiben sich lohnt, die Liebe ist.

Auch wenn der andere niemals »mein« sein wird. Und ich ihm ebenso ewig »entgleiten« werde.

25

Früher ertrug ich
keine Widersprüche

Vorher wollte ich »alles«. All das Gute. Alle Liebe. Alle Freude. Mittlerweile weiß ich, dass das unmöglich ist. Dass niemand »alles« hat. Und dass das vielleicht besser so ist. Denn wenn man »alles« hätte, würde man sich nichts mehr wünschen.

Und dann steckt in dem »alles« auch der Abgrund des Schmerzes und der Gemeinheit.

Vorher ertrug ich keine Widersprüche. »Alles« musste schlüssig sein. Selbst wenn ich auf diesem Weg ganze Bruchstücke meines Lebens verlor. Ich begriff nicht, dass man zugleich lieben und hassen kann. Eine Sache wollen und sie zugleich ablehnen. Die Vieldeutigkeit und die feinen Unterschiede.

Die Welt war für mich in binäre Gegensätze eingeteilt:

in das Gute und das Böse, das Wahre und das Falsche. Ich bedachte dabei nicht, dass denken so viel hieß wie: den Konflikt annehmen und ins Straucheln geraten, den Faden verlieren und manchmal sogar ins Stottern kommen.

Heute erlebe ich alles mit ambivalenten Gefühlen. Bin ich selbst ein Widerspruch. Ein Ausbund an Sanftmut und Intoleranz.

Manchmal wechsle ich binnen weniger Augenblicke vom Weinen zum Lachen. Auch wenn Jacques mich dann völlig entgeistert ansieht, weil er nicht begreift, wie eine Sache mich traurig stimmen und zugleich wütend machen kann.

So ist das eben. Ich kann nichts dafür. Es ist stärker als ich.

Und seit ich aufgehört habe, »alles« zu wollen, ist »alles« langsam wieder da. Und meist ist es nur eine Frage der Organisation. Man kann nicht alles haben, und das auch noch sofort. Aber nach und nach kann man viele Dinge haben. Indem man auf das verzichtet, was in dem »alles« keinen Platz hat. Alles, außer. Alles, nur das nicht.

Ein »alles«, das ich selbst geschaffen habe, das mir aber genügt und mich weiterbringt. Fast immer jedenfalls.

Es sei denn …

Eine der zahllosen Paradoxien des Lebens. Das ebenso voller Widersprüche steckt. Je nachdem, wie man es betrachtet, und je nachdem, wer an unserer Seite ist. Je nachdem, was dieser Mensch sagt und worüber er schweigt.

Außerdem, wer könnte so verrückt sein zu behaupten, er wisse genau, was er wolle? Wer könnte glauben – ohne sich etwas vorzumachen –, die ganze Wahrheit über sein Verlangen zu kennen?

Das Leben braucht Wahrheit. Wenn man in einem Gespinst von Lügen gefangen ist, erstickt man und stirbt. Aber die Wahrheit, ganz wie die Liebe, ist niemals absolut. Beiden ist eines gemeinsam: das Warten und die Überraschung. Das Suchen und das Hinnehmen. Denn man begreift nur sehr langsam all das, was die Liebe von unserer eigenen Geschichte freilegt. Was man verloren und eingefordert, gesucht und vergessen hat. Als man noch zu klein war, um die Lügen zu entlarven, von denen wir umgeben sind.

Sicher, wir sind nie vollkommen wahrhaftig. Und manchmal kann es auch schmerzhaft sein, indem man zu viel sagt. Vor allem für uns selbst. Wenn man Bruchstücke einer Wahrheit entdeckt, die uns stört, und man sich dessen bewusst wird, dass nicht nur wir selbst nicht so sind, wie die anderen uns gerne hätten, sondern dass nicht einmal wir selbst so sind, wie wir gerne sein würden.

Aber wie können wir ohne Wahrheit Klarheit darüber erlangen, was wir tief in unserm Innern empfinden? Wie kann man etwas einen Sinn geben, das im Prinzip gar keinen hat?

Never explain, never complain, sagen die Briten. Jedenfalls bringt es nichts. Aber wie sollte man keine Erklärungen verlangen und keine abgeben, wie sollte man sich nicht beklagen und sich nicht den Kummer der anderen anhören?

Wir stehen morgens auf, gehen zur Arbeit, kommen wieder nach Hause, kümmern uns um die Kinder, gehen einkaufen, schlafen. Und dann geht alles wieder von vorn los.

Arbeiten, essen, schlafen, sagen die Deutschen, *Métro, boulot, dodo*, sagen die Franzosen. Sie stopfen sich mit Psychopharmaka voll, denn sie wissen schon bald nicht mehr, warum sie überhaupt schlafen und dann mit der Metro zur Arbeit fahren. Und wenn man nicht mehr weiß, warum man Dinge tut, dann braucht man sie auch nicht mehr zu tun. Dann schleppt man sich nur durchs Leben. Und kreidet es den Märchen aus unserer Kindheit an, dass sie uns für dumm verkauft haben. Indem wir jammern.

Denn die Worte helfen uns zumindest dabei, den verlorenen Faden wiederzufinden. Selbst wenn wir das Gefühl haben, wir könnten sie uns sparen. Selbst wenn wir uns in ihnen verfangen.

26

Nie genug

Genug. Adverb der Menge, derselben Kategorie angehörig wie *viel, wenig, zu viel, dermaßen, weniger, nichts.* Unveränderlich. Modifiziert den Sinn des Verbs, indem es das Maß einer Handlung näher bestimmt.

Aber kann man wirklich alle Handlungen messen? Welche Beziehung besteht zwischen lieben und handeln?

Sobald Sie den Gebrauch des Adverbs verstanden haben, kreuzen Sie bitte den Satz an, der Ihnen unangemessen erscheint:

☐ Ich habe genug gegessen.
☐ Ich habe genug geschlafen.
☐ Ich habe genug gearbeitet.
☐ Ich habe genug geliebt.

Wir erinnern uns alle an die Tests zur Messung der Intelligenz – oder vielmehr nicht der Intelligenz, sondern des Intelligenzquotienten, was nicht ein und dasselbe ist, denn zur Intelligenz gehören auch Empathie und Mitgefühl, und sie beschränkt sich nicht auf die Fähigkeit, zu schätzen und zu berechnen. Die berühmten Tests zur Messung des IQ. Diese Ansammlung von meist völlig unverständlichen Fragen – wie der Geschichte mit Ugo und den Chips zum Beispiel. Wenn Ugo eine Tüte Chips hat, in der sich ein Viertel mehr Chips als in der von Mario befindet, und wenn sich in Marios Chipstüte drei Chips weniger als in der von Ugo befinden, wie viele Chips sind dann in der Tüte von Ugo? Offensichtlich lautet die richtige Antwort zwölf. Aber noch heute schwirrt mir der Kopf, wenn ich daran auch nur denke. Statt mich zu konzentrieren und Berechnungen anzustellen, lasse ich mich ablenken und denke an das Gezanke zwischen mir und meinem Bruder, wer die größere Chipstüte bekommen würde, und an das Verbot, das uns erteilt wurde, an Geburtstagen zu viel davon zu essen. Und die Tüte ist schnell leer. Da bleibt nicht ein Chip übrig...

Was für einen Bezug hat diese Geschichte nun zur Frage des »genug Liebens«? Eben überhaupt keinen. Weil die Liebe und die Logik einfach nicht zusammenpassen. Und jedes Mal, wenn man ein bisschen Ordnung in die Liebe bringen will, wird alles noch viel wirrer.

Um zu begreifen, dass »lieben« und »genug« sich beständig im Kampf miteinander befinden, nutzt es nichts, wenn man einen hohen IQ hat. Um das zu verstehen, genügt es zu lieben.

Liebe gibt es nie genug.

Vor allem dann nicht, wenn man Angst hat. Also fast immer. Es sei denn, man wendet sich ab und lässt seinen Blick auf einem vorbeifahrenden Auto ruhen, einem Ball spielenden Kind, einer Orchidee.

Liebe gibt es nie genug.

Aber manchmal muss man sich zufriedengeben. Nicht »weil irgendeine Aufmerksamkeit besser ist als gar keine«, wie der amerikanische Schriftsteller Augusten Burroughs gesagt hat. Oft ist »irgendeine Aufmerksamkeit« nichts wert. Im Gegenteil. Sie verdirbt den Charakter.

Nicht dass es »genug« Liebe geben würde. Im Gegenteil. Wir bräuchten immer noch mehr davon.

Einfach weil die Person, die uns liebt, dieses »genug« ausreichend sein lässt. Nur bei ihr fühlen wir uns »genug« geschützt. Nur mit ihr fühlen wir uns frei »genug«, wir selbst zu sein. Nur mit ihr sind wir sicher »genug«, dass wir zählen, dass wir kostbar sind und einzigartig.

Liebe gibt es nie genug.

Aber es ist bereits »genug«, dass er der Musik lauscht, die in mir ist, diesem Wiegenlied, das mitunter vom Lärm der Stimmen überdeckt wird.

Liebe gibt es nie genug.

Aber es ist bereits »genug«, dass er ohne Wenn und Aber an meiner Seite ist, selbst wenn die Angst ihren Auftritt hat und ich erstarre, um nicht in tausend Scherben zu zerspringen.

27

Wenn das
Herz zerbricht

Ein paar Worte genügen, um alles wieder infrage zu stellen: »Ich liebe dich nicht mehr.«

Wenn man diese Worte hört, bricht es einem das Herz. Denn das ist nicht bloß ein »Ich liebe dich nicht«. Sondern ein »Ich liebe dich nicht mehr«. Und genau dieses »nicht mehr« sorgt dafür, dass alles zu Staub zerfällt. Die Gewissheit zu existieren. Morgens aufzuwachen und zu atmen. Wieder zu lächeln.

Vor allem, wenn man bereits zerbrochen ist und glaubt, wenn er geht, bleibe nichts mehr.

»Aber verstehst du denn etwas von der Liebe?«

»Nur, dass sie unvollkommen ist. Selbst wenn sie alles umfasst. Ähnlich wie eine Wolldecke voller Löcher.«

»Und dann?«

»Dann, als er mir gesagt hat, dass er mich nicht mehr liebt, ist die Welt zusammengestürzt.«

Ich habe lange Jahre gebraucht, um zu verstehen, dass dieses »nicht mehr« keinerlei Sinn hatte. Denn wer »nicht mehr« liebt, hat vielleicht *nie* geliebt.

Die Liebe dauert *für immer*.

Aber was heißt »für immer«? Wann ist es »für immer«?

Es gibt keinen Unterschied zwischen der Liebe und der Ewigkeit. Entweder man liebt, und dann ist das für immer, oder man liebt nicht, und dann nennt man das Gefühl zu Unrecht Liebe. Dann ist es nur etwas, das vorübergeht.

Leidenschaft, Lust, Begehren, Zärtlichkeit, Freude, Hoffnung. Alles hat ein Ende. Unweigerlich.

Alles, nur die Liebe nicht. Die uns unser ganzes Leben begleitet. Selbst wenn er nicht mehr da ist. Selbst wenn sie uns verlässt. Selbst wenn er stirbt.

Was machen wir dann mit all diesen alltäglichen Gesten, die fest mit unserem Körper verwachsen sind und die uns plötzlich fehlen? Seine Art, den Füller zu halten, seine vornübergebeugte Haltung beim Gehen, seine Art, eine Orange zu schälen.

Die Banalitäten scheinen alles zu sein.

»Dass die Liebe alles ist, ist alles, was wir über die Liebe wissen«, schreibt Emily Dickinson. Und das ist der Grund, weshalb die Liebe, im Unterschied zu den Leidenschaften, die kommen und gehen, ewig ist. Selbst wenn sie sich verändert

und eine andere wird. Wie eine Narbe, die unseren Körper zeichnet und nicht mehr verblasst, obwohl man sie verbergen oder verschwinden lassen möchte. Wie die Liebe einer Mutter für ihren Sohn. Wie die Liebe einer Tochter für ihren Vater.

»Und wenn eine Liebesgeschichte zu Ende geht? Wenn der andere fortgeht? Wenn ein Kind seine Eltern allein sterben lässt?«

Jacques unterbricht mich. Er ist wieder einmal überhaupt nicht einer Meinung mit mir.

»Ich sage ja nicht, dass alle Kinder ihre Eltern lieben. Oder dass alle Geschichten Liebesgeschichten sind. Ich sage nur, wenn es Liebe ist, dann ist es für immer.«

»Und wenn sie stirbt? Und wenn er sie verlässt?«

»Es gibt kein größeres Leid als diese Leere, die sich plötzlich öffnet. Denn die Leere, ganz wie die Liebe, dauert ewig. Daher ist es so schwierig, sich gehen zu lassen, wenn sie da ist. Sich verletzlich zu machen. Darauf zu verzichten, alles zu kontrollieren.«

Wenn man von Liebe spricht, ist es immer das gleiche Problem: Dann herrscht Verwirrung. Es ist so schwierig, wieder den Weg heraus aus dem Labyrinth der Leidenschaften und der Gefühle zu finden, dass man am Ende überhaupt nichts mehr versteht. Und dann riskiert man, alles wegen eines flüchtigen Spleens zu verlieren. Während die Person, die wir lieben, wirklich geht.

Die Liebe hat mit dem Glanz des äußeren Scheins nichts zu tun. Mit dem, was vorübergeht und herunterbrennt. Mit dem Sichtbaren und der Macht. Mit der Schönheit und dem Geld.

Die Liebe sieht nur das Wesentliche. Diese Worte und Gesten, die uns in der Nacht Gesellschaft leisten, auch wenn wir so tun, als hätten wir sie ausgelöscht, wie das Echo dessen, was uns wärmt.

Wenn man eine Person liebt, dann hört man niemals damit auf. Selbst wenn sie uns verlässt, uns leiden macht und uns nicht mehr loslässt. Im schlimmsten Fall kann man sie verlassen. Und manchmal muss man das tun, um sich zu schützen. Aber die Liebe dauert. Für immer.

Wie die Liebe, die ich für meinen Vater empfinde, die gewaltig bleibt, auch wenn ich weiß, dass Abstand nötig ist und ich mich nicht verlieren oder krank werden will.

Papa ist wie ein Granitfelsen. Selbst dem Alter ist es nicht gelungen, ihn traurig zu stimmen. Ich zerbreche immer noch in tausend Stücke, wenn ich mich an ihm stoße. Er, der auch weiterhin Liebe mit Kontrolle verwechselt. Der keinen Widerspruch duldet. Der alles für alle entscheiden will und nicht zugeben kann, wenn er sich geirrt hat.

Den ich so liebe, vielleicht zu viel.

Ich kann nicht aufhören, meinen Vater zu lieben. Auch wenn er mir heute noch Leid verursacht und mich quält und mich allein lässt.

Ich kann nur Distanz halten.

Und ihn aus der Ferne lieben. Vielleicht zu viel ...

28

Es gibt nichts
zu verstehen

»Die Liebe geht. Die Liebe kehrt zurück. Wie das Leben. Warum willst du das nicht zugeben? Die ewige Liebe ist nur eine weitere Lüge, nach der Mär von der angstfreien und vorwurfsfreien Liebe, nach dem Drama des verzweifelten Amour fou.«

»Aber wie kann man ohne Lüge leben und sich mit Halbheiten begnügen? Mit einer vernünftigen und ruhigen Zuneigung. Einem wolkenlosen Glücksgefühl. Der Möglichkeit, alles so weiterlaufen zu lassen wie bisher, als wäre nichts geschehen, vielleicht sogar noch besser?«

»Man muss realistisch sein im Leben. Und sich mit dem begnügen, was man hat. Selbst wenn das nicht genügt.«

»Eine Liebe, so langweilig wie der Kamillentee, den ich mir um zwei Uhr mittags gekocht hatte, um mich zu beruhigen, und den ich anschließend weggekippt habe ...«

Aber vielleicht bin ich es ja, die hier hartnäckig etwas nicht versteht. Vielleicht bin ich immer noch Gefangene der Geschichten, die ich als Kind gelesen habe.

Die Liste der unglücklich Verliebten, die mich in meiner Kindheit begleitet haben: die Liebe des Catull, der seine glänzenden Sonnen, die ihm mit Lesbia geleuchtet hatten, nicht vergessen kann *(candidi tibi soles)*, die Liebe Leopardis für Silvia, die Liebe der Madame Bovary und der Ophelia, die Liebe der Adèle H. und die des jungen Werther, die Liebe, die Dido nach Aeneas' Abreise tötet, die die seidigen Zöpfe der Ermengarda bricht, die Liebe der Madame de Tourvel in den *Gefährlichen Liebschaften* und die der kleinen Meerjungfrau, die sich für den Prinzen in Schaum verwandelt.

Können wir durch die Liebe den Verstand verlieren? Kann man aus Liebe sterben?

Schmerz, Schmerz und noch mal Schmerz. In der Hoffnung, dem Mann oder der Frau zu begegnen, der oder die ihn bemerken wird. Und uns nicht verlassen wird. Und uns nicht betrügen wird.

Jacques versteht das nicht, wenn ich ihm sage: *Madame Bovary, das bin ich*. Oder Anna Karenina. Oder Camille Claudel.

Jacques kann das nicht verstehen. Aber im Grunde ist das bedeutungslos.

Im Grunde gibt es nichts zu verstehen.

Jacques lacht. Und heute lache ich auch und mache mich über mich lustig. Vielleicht bin ich nur eine »verärgerte/ erboste Idiotin«. Das ist mein wahrer Charakter. Den ich natürlich von meinem Vater geerbt habe. Er konnte so einen Quatsch aber nicht ertragen. Vor allem nicht, nachdem er beschlossen hatte, dass seine Tochter genau wie er war (oder sein sollte?).

Ich werde Ihnen jedoch nicht erzählen, wie viele Anstrengungen ich auf mich genommen habe, um ein rationalistisches Gedankengebäude zu errichten, um den Anschein zu erwecken, nicht dumm zu sein.

Selbst wenn ich mich auch heute noch auf dieses Gebäude stütze, um nicht zu fallen.

Außer wenn ich den Faden verliere, vom Hölzchen aufs Stöckchen komme und mich dann ganz von allein im Nebel der Reue verliere.

Intermezzo Nr. 7

Aber der, welcher ein Weib liebt um ihrer Schönheit willen, liebt er sie? Nein; denn die Pocken, die ihr die Schönheit rauben ohne sie zu tödten, werden machen, daß er sie nicht mehr liebt; und wenn man mich liebt um meines Urtheils oder meines Gedächtnisses willen, liebt man mich? Nein; denn ich kann diese Eigenschaften verlieren ohne aufzuhören zu sein.

[...] Man liebt also nie die Person, sondern allein die Eigenschaften.

Pascal, *Pensées*

Laut Pascal ist die Liebe auf eine Reihe von Eigenschaften zurückzuführen: Man liebt an einer Person nicht, was sie ist, sondern was sie hat. Als sei die Liebe nur ein Kalkül und als genüge es folglich, eine Liste der Dinge zusammenzustellen, die uns gefallen, und dann den oder die zu suchen, der oder die davon die meisten Eigenschaften besitzt, und schon hätten wir die richtige Person gefunden. Wenn ich für Schönheit empfänglich bin, dann muss ich nur einen schönen Menschen treffen. Wenn ich eher Gefallen an der

Intelligenz finde, dann muss ich mir nur den Intelligentesten oder die Intelligenteste aussuchen.

Und wenn die Wahrheit der Liebe nicht in einem »mehr« läge, sondern im »weniger«? Und wenn die »richtige Person« diejenige wäre, die uns einfach nur ihr »nichts« anzubieten vermag?

Wenn Pascal recht hätte, dann wüssten wir ja alle, aus welchem Grund wir eher diesen einen Menschen lieben als jenen anderen, und niemand wäre peinlich berührt bei der Frage: »Entschuldige mal, aber warum liebst du ihn eigentlich?« Man bräuchte nur all das aufzulisten, was der andere hat. Es würde genügen, die Merkmale aufzuzählen, die wir immer gesucht und schließlich gefunden haben.

Wie schade, dass das im Leben niemals so geschehen wird und dass niemand mit Sicherheit weiß, was er eigentlich begehrt. Schade, dass man sich an dem wenigen festhält, das man wahrnimmt, an dem wenigen, fast nicht Vorhandenen, das man der Person anhängt, weil wir gar nicht anders können, als der anderen Person überzustülpen, was wir selbst in ihr sehen möchten.

Wenn jemand sagt: »Er war genau so, wie ich es mir gewünscht hatte«, dann liegt darin so gar nichts Rationales. Die Eigenschaften eines Menschen sind niemals der Grund, warum wir jemanden lieben. Was eine Person in unseren Augen kostbar macht, ist nie das, was man von außen sieht.

In der Liebe gibt es einen verdeckten Dialog zwischen

dem, was wir sind und was von außen nicht zugänglich ist (manchmal nicht einmal für uns selbst), und dem, was den anderen ausmacht und was man von außen nicht sehen kann. Dieses Etwas, das kommuniziert wird, ohne dass man sich dessen bewusst wäre und ohne dass man dies wollte. Und das, nur wenn man liebt und gerade *weil* man liebt, eine unauslöschliche Spur hinterlässt. Die Liebe ist keine bloße logische Folge des Bewusstseins, wie Nicolas Grimaldi erklärt. Die Liebe stellt keine Berechnungen und keine Vergleiche an. Die Liebe liebt, was wir sind, wenn wir aufhören, etwas scheinen zu wollen und uns darzustellen. Wenn wir aufhören, so sein zu wollen, wie wir denken, dass die anderen uns haben wollen.

Wir lieben einen Menschen nicht deshalb, weil er mit sämtlichen Reizen ausgestattet auf seinem Schimmel zum ersten Rendezvous geritten kommt, sondern vielleicht, weil er unter seinem Mantel ein Geheimnis birgt, das uns bewegt. Etwas Undefinierbares, das uns aus der Fassung bringt. Ein Säuseln, das uns ins Träumen bringt. Uns vielleicht eine Antwort gibt. Eine zumindest. Auch wenn unser Verlangen nach Liebe stets unbefriedigt bleibt.

Wir lieben diese Wunde, die der andere in sich trägt. Dieses Schluchzen, das er als Kind unterdrückt hatte. Denn jedes Kind hat irgendetwas unterdrückt. Selbst wenn es später als Erwachsener noch so sehr das Gegenteil behauptet und die Maske der Gleichgültigkeit aufsetzt.

Wir lieben einen Menschen nicht für das, was er uns gibt. Man liebt ihn für das, was er uns verbirgt. Was wir erahnen, wenn wir ihn anschauen, ohne dass er es weiß.

Diese Zärtlichkeit, die dieser Mensch hinter einem Scherz verbirgt, mit dem er versucht, den Staub von unserem Blick zu wischen.

In der Liebe bietet man nichts an. Aus diesem Grund ist die Liebe ein unantastbares Mysterium. Und wenn man einmal beiseitelegt, was man alles unternimmt in dem verzweifelten Versuch, »alles« zu geben, dann wird man sich bewusst, dass man nichts besitzt.

Wir reden uns ein, wir würden unsere Person anbieten, um die Leere zu füllen, indem wir uns selbst für den anderen zum Objekt der Begierde machen. Ohne zu verstehen, dass man, wenn man sich zum Objekt der Begierde für den anderen macht, verschwindet, weil die Liebe, wie das Begehren, immer nur die Liebe für das Nichts ist.

Alles ist Fiktion, alles ist Täuschung, wenn ein Liebhaber sagt: »Ich bin dein.« Denn in der Liebe gibt es nicht viel, das »mir« oder »dir« gehört. Abgesehen von »deinem« Wunsch, dir dein eigenes Sein durch meinen Blick wieder anzueignen, und »meinem« Wunsch, zu verstehen, wer ich bin, wenn ich mich im Spiegel deiner Handlungen betrachte.

Mit Ausnahme »unserer« Liebe.

Die währet ewiglich.

29

Die Liebe hört
nicht auf zu lieben

Früher war ich einer Meinung mit Pascal – ich sage das extra, damit der Leser meines Textes jetzt Gelegenheit hat zu denken: Für wen hält die sich eigentlich? Wie kann man so anmaßend sein zu sagen, man sei einer Meinung mit Pascal oder auch nicht?

Aber wenden wir uns wieder Pascal zu, denn es gab eine Zeit, in der auch ich überzeugt war, die Liebe sei nur die Liebe zu etwas. Liebe zur Schönheit oder zur Feinfühligkeit, Liebe zur Intelligenz oder zur Sanftmut.

»Und wenn alles verschwände, was bliebe dann noch von der Liebe?«, fragte ich mich in der festen Überzeugung, früher oder später eine Antwort zu finden.

Heute weiß ich, dass Pascal unrecht hat. Weil die Liebe immer liebt. Selbst wenn alles andere verschwindet.

Würde die Liebe erlöschen, weil der andere sich ändert, sich wandelt, altert oder krank wird, dann wäre sie wertlos. Dann wäre sie nichts als ein Häufchen zerfetztes Papier.

Die Liebe ist aus dem gemacht, was man miteinander geteilt hat. Aus der Vergangenheit oder einer Geschichte, einem Geheimnis oder einem Schmerz. Selbst wenn der Umriss der Finsternis, die wir durchquert haben, für uns nicht zu erkennen ist.

Die Liebe, die ich für meinen Bruder empfinde, ist genau das: grenzenlos. Unsere Kindheit vereint uns. Die Tatsche, dass wir dieselben Dinge erlebt haben, darunter auch das Unbeschreibliche, das wir nie erzählen könnten. Alles, was bleibt, auch wenn der ganze Rest verloren ginge.

Nur wir beide wissen, wie grauenvoll es sich anfühlte, den Erwartungen unseres Vaters nicht zu genügen, wie das Schuldgefühl, nicht so zu sein, wie man sein sollte, das Gefühl, immer etwas tun zu müssen, um unserem Leben einen Sinn zu geben, die Gnadenlosigkeit dieser Worte, die uns vernichten, manchmal auch die der Gesten ... Wie müsste man denn sein, Papa? Was heißt das denn: sein Leben verpfuschen?

Die Liebe, die ich meinem Bruder entgegenbringe, ist genau das: ewig. Sie wird immer da sein. Selbst wenn wir uns momentan nicht oft sehen. Er hat sich verändert. Er ist nicht mehr mein kleiner Bruder. Er braucht nicht mehr von mir beschützt zu werden. Manchmal nervt er mich. Die gleichen Ticks und Zwänge wie mein Vater. Der gleiche tadelnde und strenge Blick …

»Und wenn Mama anfängt, alles zu vergessen, und sich nicht mehr korrekt ausdrücken kann? Wenn sie unberechenbar wird und dir komische Antworten gibt?«
    »Dann ist sie immer noch unsere Mama.«
    »Liebst du sie noch ganz genauso? Wie vorher?«
    »Wie immer. Das ändert nichts.«

Zur Liebe braucht es die Wahrheit. Über die Menschen und über die Dinge. Auch wenn die Wahrheit undurchschaubar wird. Und im Grunde ist das ja auch gut so, die Wahrheit ist niemals transparent.

Am Ende bleiben nur noch ein paar Phrasen: »Du willst ihn, nimm ihn dir!« »Du willst mich, hier bin ich!« »Du rufst mich, ich komme!« Ein paar Phrasen, die alles zusammenfassen, was Mama getan, gesagt, verschwiegen, vertuscht hat. Auch wenn ich nie wissen werde, wie meine Mutter wirklich gelebt hat.

Tun, sagen, verschweigen, auslöschen.
    Wo es doch genug wäre, die Tür zuzuknallen und zu gehen.

Also ja doch! Mama wird immer Mama bleiben. Selbst wenn es keine Pläne und keine Erinnerung mehr geben sollte. Eine Liebe, die ganz alleine liebt. Denn vom Gegenüber kommen keine Reaktionen mehr.

Es würde genügen, sie zu spüren und zu berühren. Es würde genügen, Anteil zu nehmen. Und dieser Frau ein kleines bisschen Liebe zu geben, dieser Frau, die uns so sehr geliebt hat, mehr als das eigene Leben. Wie nur eine Mutter es tun kann.

Selbst wenn ich das niemals selbst erfahren werde.

»Wenn ich ein Kind hätte, dann müsste ich morgens in aller Frühe aufstehen, um es zur Schule zu bringen, stimmt's?«

30

Immer wieder
verliere ich mich

»Du fehlst mir. Die ganze Zeit.«

»Ich bin doch bei dir.«

Aber wovon redet der bloß? Wo ist er denn?

Er ist nicht da, wenn ich morgens aufstehe. Er ist nicht da, wenn ich weinen muss. Er ist nicht da, wenn ich nach seiner Hand suche, um sie fest zu drücken.

Sehr, sehr fest. Wie ein Kind, das sich anklammert.

»Gib Mama die Hand. Halt sie ganz fest, und lass sie keinen Augenblick los. Sonst gehst du noch verloren.«

Gib mir die Hand. Drück sie ganz fest. Sonst geh ich noch verloren.

Und ich verirre mich wirklich. Immer wieder verirre ich mich. Ich finde nicht den richtigen Weg. Ich erkenne ihn nicht, obwohl ich ihn schon einmal gegangen bin.

Wenn ich mir ein paar Einzelheiten nicht gemerkt habe, dann kann man nichts machen. Dann verirre ich mich unweigerlich.

Die Treppe im Haus, der Tabakhändler, die Bank, die rote Ampel. Das Schaufenster mit den alten Büchern, die Pizzeria mit Straßenverkauf, der Juwelier – der mit der Herrenuhr aus Edelstahl, die du mir zu Weihnachten schenken wolltest.

Wo bin ich? Wo befinde ich mich gerade?

Ich suche den Plan, ich suche den Platz, ich suche die Straße. Wenn ich mich konzentriere, finde ich alles wieder. Aber ich finde nichts. Weder die Straße. Noch den Platz. Noch den Plan.

Manchmal verliere ich sogar meine Stimme. Und dann kann ich nicht einmal mehr um Hilfe bitten.

Vielleicht weil ich es ihm einfach nicht verzeihen kann. Dieses Kind, das ich nie gehabt habe. Dieses plötzlich so leere Leben. Ohne Windeln. Ohne Babymilch. Ohne Legosteine, die man unterm Bett suchen muss.

Im Haus gibt es nur tonnenweise Bücher. Aber die sind zu nichts nütze.

Ich verlaufe mich vor allem immer dann, wenn ich zu spät dran bin. Mit der Zeit stehe ich genauso auf Kriegsfuß wie mit dem Raum. Dabei habe ich die Zeit mittlerweile besser im Griff, denn ich rechne schon in Voraus mit allen möglichen Zwischenfällen. Aber den Raum beherrsche ich nicht. Mein Verhältnis zum Raum ist schon seit Langem höchst störanfällig. War es damals schon, wenn ich als Kind Drehkreisel spielte. Ich drehte mich und drehte mich und drehte mich. Bis ich einen solchen Drehwurm hatte, dass ich zu Boden stürzte.

So auch heute. Zwischen den Seminaren habe ich immer eine Stunde Pause. Meist gehe ich raus, um eine Runde zu drehen. Hier gibt es ja auch alles, was man braucht. Nur ein paar Straßen weiter. Links, rechts, links. Dann geradeaus bis zur Boulangerie, dort kaufe ich mir ein Sandwich, das ich auf dem Rückweg esse. Links, rechts, links. Und dann einfach geradeaus.

Wo bin ich? Ich habe mich doch wohl nicht schon wieder verlaufen?

Panikattacke. Unterdessen fängt es an zu regnen. Die Panikattacke geht nicht vorbei. Schließlich mache ich kehrt und gehe den ganzen Weg noch einmal zurück.

Immer geradeaus. Dann nach links, nach rechts und wieder nach links.

Wenn man nur ein klein wenig Ahnung von Psychoanalyse hat, weiß man sehr wohl, dass sich zu verirren der beste Weg ist, gegen das Gefühl anzukämpfen, sich aus den Augen verloren zu haben. Man redet sich also ein, das Problem habe nichts mit einem selbst zu tun. Es handle sich bloß um einen Augenblick der Unbesonnenheit. Man könne da leicht etwas dagegen machen. Müsse nur besser aufpassen.

Man verirrt sich, um der Wahrheit nicht ins Gesicht blicken zu müssen: der Frage, wer wir sind und was wir wollen. Denn das wissen wir manchmal selbst nicht mehr, weil wir viel zu viel Zeit damit verbracht haben, genau so sein zu wollen, wie die anderen uns gerne hätten.

»Was bleibt von mir, wenn ich einmal gestorben bin? Was bleibt von uns, die wir keine Kinder haben?«

Ein Kind schlägt man nicht. Nicht einmal mit einer Blume. Die Angst einer Mutter lässt sich nicht wegreden. Man stiehlt einem Menschen, der Hunger hat, nicht das Brot vom Mund weg. Man verlangt nicht von einer Frau, dass sie kinderlos bleibt.

Das macht man einfach nicht. Und damit basta.

31

Das Echo dessen, was möglich gewesen wäre

Nostalgische Sehnsucht, das sind flüchtige Augenblicke, in denen alles leicht erscheint. Alles, was hätte getan werden können, aber nicht getan wurde. Alles, was getan wurde und niemals hätte getan werden sollen.

Die nostalgische Sehnsucht ist ein Kuckucksei. Sie weckt Illusionen in uns. Ähnlich wie wenn man nachts nicht einschlafen kann und dann endlose Ergüsse zu Papier bringt. Dann ist es so, als bräuchte man nur auf einen Knopf zu drücken, und schon könnte man das Leben zurückfahren und alles noch einmal von vorn beginnen. Während man die Vergangenheit in Wahrheit niemals verändern kann. Ja, manchmal nicht einmal die Gegenwart.

Wie kann man vergessen, was man verloren hat und gesucht und eingefordert? Wie kam man aufhören zu jammern?

Alles ist wieder da, wenn die nostalgische Sehnsucht uns übermannt. Der Tag, an dem ich ging, an dem ich das Haus von all seinen Erinnerungen befreite, die Schlüssel aufs Nachtkästchen warf, ohne ein Wort, denn Worte hatte ich schon so viele gemacht.

»Und was hat er getan?«

»Er versuchte mehrfach, mich telefonisch zu erreichen. Er wollte verstehen.«

»Und du?«

»Ich sagte ihm, er solle aufhören damit. Es sei vorbei zwischen uns.«

»Warum?«

Dieser Tag, an dem ich beschloss, nicht zurückzugehen. Weil es an ihm war, auf mich zuzugehen, und weil ich diese saublöde Ausrede nicht mehr hören wollte: »Ich kann nicht.« Es ging mir auf die Nerven. Raubte mir alle Kraft.

»Jetzt schau mich nicht so an!«

»Was heißt so?«

»Na, mit diesem Blick!«

»Welchem Blick?«

Dieser Tag, an dem ich ihn angelogen habe. Weil ich wieder Angst hatte und weil ich die Rechnung der verloren gegangenen Briefe, der nie abgeschickten Pakete, der abgedroschenen Phrasen nicht wieder aufmachen wollte. Die Grille und die Sterne. Die Hochzeit und der Spaziergänger. Der Himmel und die Gezeiten.

»Und was, wenn du eine andere kennenlernst?«

»Dann bleibe ich bei dir.«

»Und wenn ich von dir weggehe?«

»Dann folge ich dir.«

»Und wenn unsere Liebe erlischt?«

»Das wird sie nicht.«

»Was weißt du davon?«

Liebe und nostalgische Sehnsucht gehen immer Hand in Hand. Man liebt, wenn man etwas verliert. Und man verliert immer etwas. Den Schlaf oder den Frieden. Oder einfach die Lust, morgens aufzustehen.

In der Liebe steckt immer das Echo dessen, was wir als Kind verloren haben. Als wir zu klein waren, um nicht daran zu zerbrechen. Wie diese Vase, die ich habe zu Boden fallen lassen.

»Geh sofort da weg!«, hat meine Mutter gesagt, erschrocken über all die vielen Glassplitter. Sie hatte vergessen, mir zu sagen, dass das überhaupt keine Bedeutung hatte, dass alles gut war, dass das nicht schlimm war. Das war das Einzige, was sie mir sagen wollte, denn im Grunde war ihr diese Vase ziemlich egal.

Aber vielleicht kennen nur Menschen, die keine Kinder gehabt haben, die bedingungslose und kompromisslose Liebe, denn sie haben gelernt, die Leere zu füllen, ohne darauf zu warten, dass die Kinder sie füllen.

»Was weißt du denn schon von der Liebe einer Mutter? Von all dem, was ich tun musste, um nicht mehr zu denken, dass ich immer da sein müsste, euch nie allein lassen dürfte, dass ich alles für euch tun würde, alles, sogar sterben.«

»Und du? Weißt du etwas von meiner Liebe? Von dem, was ich alles tun musste, um mich nicht schuldig zu fühlen, weil ich den Anforderungen nicht genügen konnte, weil du es niemals getan hättest, weil deine Freude von meiner Freude abhing?«

32

Die Liebe
einer Mutter

Das Leben schlägt uns Wunden. Uns allen, ausnahmslos. Selbst dem, der alles zu haben scheint und der auch wirklich alles hat, nur eben dieses eine nicht, das er sich so sehr wünscht und das die anderen haben, selbst wenn die anderen vielleicht nicht das haben, was sie gerne hätten, während er es besitzt.

Das Leben schlägt uns Wunden. Und es gibt keine Liebe, die etwas taugt. Denn keine Liebe könnte jemals die Wunden eines Lebens verbinden, das wir ohne Wenn und Aber leben. Und das sich wie eine Selbstverständlichkeit aufdrängt, selbst wenn wir alle Gründe der Welt hätten, Nein zu sagen oder uns zu beklagen.

Das würde ich der Mutter von Jacques' Kindern so gern begreiflich machen. Aber sie will nichts davon wissen. Das

Einzige, was sie kennt, ist Jacques' Liebe – die sie nicht mehr hat, obwohl sie alles getan hat, um ihn zu behalten; die ich habe, obwohl ich nichts getan habe, um sie zu verdienen.

Die Liebe ist wie das Leben: Sie weiß nichts von den Gründen für Recht und Unrecht. Im Gegenteil. Meist ist es einfach nur ungerecht. Denn man kann nichts tun, um sie zu bekommen. Entweder sie ist da oder sie ist nicht da.

Und oft genug lässt sie unschuldige Opfer auf ihrem Weg zurück. Männer und Frauen, die keinen anderen Fehler begangen haben, als so zu sein, wie sie sind, weder besser noch schlechter als die anderen.

Wie die Mutter von Jacques' Kindern. Die ganz bestimmt nichts Böses an sich hat. Die nicht besser oder schlechter ist als ich. Einfach nur anders.

»Anders« als das, was Jacques vielleicht brauchte.

Aber sie hat zwei Kinder. Zwei Kinder von Jacques. Kinder, die ich nicht habe und die ich gern gehabt hätte. Die ich nie haben werde. An die ich aber immer denke, sobald ich eine schwangere Frau sehe, eine Frau mit einem Kinderwagen, eine Frau, die ein Kind an der Hand hält, eine Frau, die auf der Straße ruft: »Hör auf!«, eine Frau, die sich bückt, um ein zu Boden gefallenes Spielzeug aufzuheben. Kinder, die ich geliebt, geherzt, verhätschelt hätte.

Ich wäre eine wundervolle Mutter gewesen, nicht wahr, mein Schatz? Warum sagst du nicht, dass ich eine wundervolle Mutter gewesen wäre? Warum lässt du mich diese riesige Leere fühlen?

Mein Kind hätte deine Augen und dein Lächeln geerbt und alles, was ich an dir liebe, und ich hätte es zum Lachen gebracht, hätte ihm Wiegenlieder gesungen und ihm Kitzelreime beigebracht ... *Ei, das ist ein Späßchen, jetzt waschen wir das Näschen, jetzt waschen wir den Mund, dann bleibst du auch gesund. Geht ein Mann die Treppe rauf. Klingelingeling. Klopft an. Guten Tag, Herr Nasemann.*

Mein Kind hätte deine Augen und dein Lächeln geerbt und alles, was ich an dir liebe, und ich hätte es zum Karussellfahren mitgenommen und hätte ihm Geschichten erzählen können, bevor ich es ins Bett bringe und ihm den Unterschied zwischen Himmelblau, Indigo und Violett erkläre.

Und da ist der kleine gelbe Engel und der rosa Engel und der mit der Farbe des entlaufenen Hundes. Und alle Engel kommen und sitzen bei dir, während du dein Schläfchen machst, Mama lässt dich nie allein und hat dich ganz doll lieb, wirklich ganz doll, du weißt, wie lieb ich dich hab, oder?

Wie kann ich der Mutter von Jacques' Kindern begreiflich machen, dass ich nichts dafür kann, dass Jacques ihr keine Liebe gegeben hat und dass ich ihre Kinder nicht so lieben kann, als wären es meine Kinder?

Wie soll ich ihr erklären, was ich empfinde, wenn das Telefon klingelt und Jacques antwortet, einverstanden, er

komme gleich, und er werde sie dieses Wochenende nehmen, selbst wenn er vorgehabt hatte, es mit mir zu verbringen, aber dass er das versteht, das ist in Ordnung, die
Kinder brauchen ihn.

Und ich? Und die Kinder, die ich nicht gehabt habe? Und
der Abgrund, der immer tiefer wird? Und diese Angst, die
sich in mir breitmacht, weil niemand jemals zu mir sagen
wird, ich sei die schönste Mama der Welt?

Und ich? Und die Bastelcollagen, die ich so gerne mit
ihnen gemacht hätte? Und die Hausaufgaben? Und das
allabendliche Bad?

Und ich? Alles, was ich erlebt habe und von dem ich mir
geschworen habe, dass meine Kinder das niemals durch-
machen müssen? Und all die Liebe, die ich in mir trage
und bei der ich nicht weiß, wo ich mit ihr hinsoll, denn
meine Studenten wollen sie auch nicht, für wen hielte ich
mich denn, ich sei doch nicht ihre Mutter!

Die Mutter von Jacques' Kindern weiß nichts von dem,
was ich mir alles sagen muss, um mich zu überzeugen,
dass das nicht so wichtig ist, dass man nicht alles haben
kann, dass Jacques' Liebe mir genügen sollte.

Sie weiß nicht, dass ich mitten in der Nacht aufwache
und Panik bekomme und dass ich mir dann, um wieder
einschlafen zu können, immer wieder sagen muss, dass ich
nicht am nächsten Tag morgens in aller Frühe aufstehen
muss, um die Kinder in die Schule zu bringen, und dass
die Direktorin mich nicht anrufen wird, um mir zu sagen,

sie seien krank, dass ich mir um ihre Zukunft keine Sorgen machen muss.

Sie weiß nicht, was es heißt, keine Kinder zu haben, wenn man immer welche gewollt hat und plötzlich merkt, dass die Jahre vergangen sind und man jetzt keine Zeit mehr dazu hat und es einfach schon zu spät ist...

Wie alle, die mich vom hohen Ross ihrer mütterlichen Liebe aus anschauen, weil eine Mutter das weiß, weil eine Mutter sich aufopfert, weil eine Mutter sich niemals Ruhe gönnt, weil eine Mutter alles macht... Und die es sich herausnehmen, über mein Leben zu richten, denn nur eine Mutter weiß, was bedingungslose Liebe ist, und hat etwas dazu zu sagen, im Gegensatz zu einer Frau wie mir, die nichts darüber weiß, die bloß am Schreibtisch sitzt und lang und breit über das Thema herumphilosophiert!

Du weißt es, du schon, dass ich eine wundervolle Mutter gewesen wäre, nicht wahr? Und wenn ich ein Kind gehabt hätte, dann hätte es mich vielleicht gar nicht so sehr gedrängt, zu schreiben, zu reden und so viele andere Sachen zu machen. Du weißt, dass diese Leere mich verfolgt und dass nichts sie jemals füllen kann, stimmt's?

33

Die Rechnung
geht nicht auf

Angeblich ist nur die Mutterliebe grenzenlos, und nur eine Mutter weiß, dass ihre Liebe die schönste von allen ist.

Angeblich ist nur die Mutterliebe dazu imstande, alle Hindernisse zu überwinden und immer einen Schritt nach vorn zu wagen.

Angeblich ist jede andere Liebe im Vergleich dazu recht dürftig, und solange man das nicht selbst erlebt habe, könne man nichts verstehen.

Aber was reden die Leute da? Was wissen sie denn davon? Und die Rabenmütter? Jawohl, Rabenmütter gibt es. Mütter, die ihre Kinder nicht lieben. Mütter, die ihre Kinder allein lassen. Die sie vernachlässigen. Mütter, die andere Dinge im Kopf haben. Immer was anderes. Selbst wenn sie die ganze Zeit über ihre Sprösslinge reden.

Oh Nichtigkeit der Nichtigkeiten! Alles ist nichtig!, spricht der
Prediger.

Was bleibt dem Menschen von all seiner Mühe, womit er sich
abmüht unter der Sonne.

Ein Geschlecht geht und ein anderes Geschlecht kommt. Die
Erde aber bleibt ewiglich.[1]

Angeblich ist jede Mutter bereit, sich zu opfern. Angeblich
gibt es keine größere Liebe als die einer Frau, die ihr Leben
für ihre Kinder gibt. Angeblich ist genau das der Sinn der
Liebe: aus Liebe zu sterben.

Wie es die Geschichte der Chiara Corbella zeigt, einer
jungen Frau von achtundzwanzig Jahren, die ihr Leben
opferte, damit ihr Kind leben konnte. Chiara starb vor
wenigen Jahren, nachdem sie ihr Baby zur Welt gebracht
hatte. Während der Schwangerschaft hatte sie, um das Leben des Kindes, das sie unter ihrem Herzen trug, nicht in
Gefahr zu bringen, auf eine Krebsbehandlung verzichtet,
die sie hätte heilen können. Bis nach der Geburt des Babys
hatte der Krebs sich so weit in ihrem ganzen Körper aus-
gebreitet, dass man nichts mehr für Chiara tun konnte.

Wie übersteht ein Kind den Tod seiner Mutter? Wie kann
ein Vater sein Kind lieben, wenn die Mutter gestorben ist,
um ihm das Leben zu schenken?

Die Sonne geht auf, und die Sonne geht unter; und sie eilt an
ihren Ort, wo sie wieder aufgehen soll.

---

1 Prediger 1, 4, Ecclesiastes, Schlachter

Der Wind weht gegen Süden und wendet sich nach Norden; es weht und wendet sich der Wind, und zu seinen Wendungen kehrt der Wind wieder zurück.

Alle Flüsse laufen ins Meer, und das Meer wird doch nicht voll; an den Ort, wohin die Flüsse einmal laufen, laufen sie immer wieder.

Alle Worte sind unzulänglich, der Mensch kann es nicht in Worten ausdrücken; das Auge sieht sich nicht satt, und das Ohr hört nie genug.

Man sagt, Chiaras Geschichte sei eine Geschichte vom Leben, denn das ließe sich nur weitergeben, indem man es schenkt. Man sagt, Chiara habe das sofort verstanden, dabei war sie erst achtundzwanzig Jahre alt. Man sagt, Chiara sei eine Heldin im Sinne des Evangeliums gewesen, ein strahlendes Beispiel christlicher Hoffnung. Ein Beispiel für alle Mütter, denn sie hatte sich in Seine Hände begeben, der stets Großes vollbringt.

Man sagt, das Leben habe gesiegt, und das Kind erfreue sich heute bester Gesundheit, obwohl Chiara nicht mehr ist, obwohl das Kind keine Mutter mehr hat.

Aber wo wird gesagt, dass Chiara noch ihr ganzes Leben vor sich hatte, dass sie hätte leben und lachen und spielen können? Und dass ihr Kind vielleicht für immer mit der schweren Last seiner Schuldgefühle wird leben müssen?

Wo wird gesagt, dass sich aufopfern nichts mit Liebe zu tun hat, da der Tod alles, alles, alles tilgt?

Ich richtete mein Herz darauf, mit Weisheit alles zu erforschen und zu ergründen, was unter dem Himmel getan wird. Das ist ein mühseliges Geschäft, das Gott den Menschenkindern gegeben hat, damit sie sich mit ihm plagen sollen. Ich beobachtete alle Werke, die getan werden unter der Sonne, und siehe, es war alles nichtig und ein Haschen nach Wind!

Und wenn sich hinter diesem Opferwahn einfach nur die illusorische Verblendung verbirgt, sich für Gott zu halten? Gottgleich zu sein, perfekt, wie Er, ein Heiliger, wie Er?

Ein Allmachtswahn. Eine Todsünde.

Gottgleich sein: Ist das nicht das, was die Schlange Eva einflüstert, um sie in Versuchung zu bringen? Man kann nicht um jeden Preis schenken. Man kann nicht immer schenken. Man kann nicht schenken, wenn man schon alles verschenkt hat.

Nicht einmal aus Liebe. Vor allem nicht aus Liebe.

Und da kommt mir dieses Lied in den Sinn – Mama, ich mag es überhaupt nicht, warum singst du es immer noch? Warum muss man sich aus Liebe zum Sklaven machen? Die Liebe macht uns frei, nicht wahr, Mama?

Offri la vita tua
Come Maria ai piedi della croce
E sarai servo di ogni uomo
Servo per amore,
Sacerdote dell'umanità

Die Jungfrau am Fuß des Kreuzes. Die zusehen muss, wie ihr Sohn Folterqualen leidet. Wie hat sie es angestellt, nicht vor Schmerz zu sterben? Wie hat sie es angestellt, sich nicht gegen ihr Schicksal aufzulehnen?

Die furchtbarsten Menschen seien jene, die alles wissen und es glauben, schreibt Elias Canetti. Und die behaupten, wenn man um Entschuldigung bittet, wenn man sich erklärt, wenn man sich rechtfertigt und wenn man aufrechnet, was man gibt und was man bekommt, dann gäbe es keine Liebe mehr.

Aber wie sollte man in der Liebe nicht die Dinge aufrechnen, auch wenn man weiß, dass die Rechnung nie aufgehen wird?

Zerreißen hat seine Zeit, und Flicken hat seine Zeit;
Schweigen hat seine Zeit, und Reden hat seine Zeit;
Lieben hat seine Zeit, und Hassen hat seine Zeit;
Krieg hat seine Zeit, und Frieden hat seine Zeit.[2]

---

2 Ecclesiastes 3, 7–8

Intermezzo Nr. 8

Der Wunsch gehört der Ordnung des Rausches an. Die Leere gibt ihm Nahrung. Der Wunsch ist etwas, um das man endlos kreisen kann. Man findet nie eine endgültige Definition, man hört nie auf, ihn einzukreisen.

Stéphane Zagdanski, *Autour du désir*

Der Wunsch ist nichts Fertiges, ist nichts ein für alle Mal Festgelegtes. Im Unterschied zum Bedürfnis handelt es sich beim Wunsch nicht um ein Konsumobjekt. Er ist eine Flucht, eine Anspannung, ein Aha-Erlebnis.

Er ist etwas, in dem unsere Subjektivität zum Ausdruck kommt, sobald wir darauf verzichten, eine andere Person zum Objekt unseres Bedürfnisses zu machen.

Wenn man den Bruch anerkennt – aus dem heraus jeder Wunsch entsteht –, heißt das anerkennen, dass auch der andere nicht das besitzt, was wir selbst nicht haben, was uns noch dazu fehlt, um all das zu sein, was wir gerne wären; es bedeutet, uns einzugestehen, dass eine Abhängigkeit uns an das Objekt unserer Liebe bindet, selbst wenn der andere diese ablehnt; es bedeutet auch, dass wir uns weigern, ihn zu einer Sache zu machen, die es zu besitzen oder zu zerstören gilt.

Und dann Frieden zu schließen mit der Leere, die in uns ist. Und die schmerzt. Auch wenn genau an diesem Punkt das Begehren aufflammt.

Zumal die Leere im Grunde nicht einmal das Problem ist. Die Leere kennen wir alle, und wir können nichts tun, um sie zu füllen.

Das eigentliche Problem ist der Abgrund. Dieser Abgrund, der sich auftut, wenn es nur noch eine Leere gibt, wenn man in der Angst des Wartens versinkt und sich einredet, alles hinge vom anderen ab. Wenn er mich nicht ansieht, dann gibt es mich gar nicht. Wenn er mir nicht antwortet, verschwinde ich. Wenn er mich nicht liebt, sterbe ich. Und dann wird der Wunsch unendlich.

Wenn alles von ihm abhängt, können wir uns nur noch langsam ins Nichts fallen lassen. Wie damals, als wir Kinder waren und noch nicht »alleine stehen« konnten, wie Donald W. Winnicott es im Zusammenhang mit Müttern ausdrückt, denen es nicht gelingt, »ausreichend gut« zu sein. Denn eine Mutter könne natürlich nicht behaupten, perfekt zu sein, müsse aber imstande sein, sich um ein Kind zu kümmern, das um nichts gebeten hat und vollständig von ihr abhängt.

Wenn man nicht lernt, alleine zu stehen, indem man begreift, dass eine Mutter uns auch dann liebt, wenn sie nicht an unserer Seite ist, dass wir ohne sie nicht zusammenbrechen, dass sie zwar fortgeht, aber dann auch wiederkommt, dass die Liebe nie zu lieben aufhört, selbst wenn sie nicht an unserer Seite ist, wenn man das nicht lernt, dann kommt man nicht mit der Leere zurecht, die sich in uns öffnet, wenn wir ganz alleine sind.

Und der Wunsch, sie zu haben, wird unerträglich. Denn selbst mit ihr vermag man dann nicht »zu stehen«.

Das Problem ist nicht die Leere – das Gefühl der Leere ist auf immanente Weise mit dem Menschsein und mit dem uns stützenden Wunsch verbunden.

Das Problem ist der Abgrund, der uns verschlingt, wenn es uns nicht gelingt, uns ein Leben ohne den anderen vorzustellen, wenn wir von ihm getrennt sind. Denn es gibt keine Liebe ohne Trennung. Außer wir bilden uns ein, die Liebe wäre allmächtig, wie eine psychotische Mutter, die der festen Überzeugung ist, ihre Kinder wären nichts ohne sie.

Ein Allmachtswahn, den man heutzutage bei vielen Eltern beobachten kann, die unfähig sind, ihren Kindern Gutes zu wünschen, vielleicht weil sie selbst über einem schwarzen, endlos tiefen Abgrund schweben.

Respektlose Mütter, die sich am liebsten nie von ihren Kindern trennen würden und sie damit am Erwachsenwerden hindern. Besessene Väter, die ihre Kinder in einer winzigen Welt einsperren, ohne Türen und Fenster, ohne Wunsch und ohne Hoffnung. Perverse Eltern, die das Bedürfnis nach anderen Menschen ersticken, damit ihre Kinder auch ja »keine anderen Götter« neben ihnen haben.

Es kann keine Liebe geben, wenn man nicht akzeptiert, dass wir getrennt sind. Wenn man nicht Frieden schließt mit dem Unvollständigen und Unvollendeten und aus dem Strudel der Verschmelzung ausbricht.

Wenn man liebt, ist es die größte Versuchung, den anderen mit der eigenen Person zu verwechseln, ihn zu verschlingen, ihn dort hinzustellen, wo uns alles fehlt. Ohne zu verstehen, dass der Traum, eines Tages das Objekt unserer Begierde besitzen zu können, nur eine Illusion ist; der andere entzieht sich uns, das ist gut so, der andere entfernt sich von uns, das ist so, und es ist gut, dass er das tut. Wie Emmanuel Levinas schreibt: »Der Andere – der absolut Andere – lähmt den Besitz, den er in Abrede stellt durch seine Epiphanie im Angesicht. Er kann nicht meinen Besitz anfechten, nur weil er sich mir nicht von außerhalb nähert, sondern von oben. Das Gleiche kann diesen Anderen nicht erfassen, ohne ihn zu vernichten.«

Sicher, dann würden alle nur noch fluchtartig voreinander weglaufen, aber da kommt die Erkenntnis, dass es das einzige Mittel zur Überwindung der Einsamkeit ist, die unbekannten Anteile unseres Selbst und unsere Verletzlichkeit anzunehmen. In der Hoffnung, dass derjenige, den wir lieben, das niemals ausnutzen wird.

Denn die Liebe ist per definitionem abhängig: Ich bin abhängig von seinen Blicken und seinen Worten, von seiner Art, mich zu empfangen und an meiner Seite zu sein, von seinen Launen und von seiner Wut.

Aber sie ist auch diese Fähigkeit, der Selbstaufgabe zu widerstehen, sie ist das stählerne Seil, dieses »Ich komm da schon wieder raus, auch wenn du mich verlässt«, das uns am Leben hält, wenn wir vom Dunkel übermannt werden.

Sich der Andersartigkeit öffnen, auch auf die Gefahr hin, sich zu entfremden.

Sich der Andersartigkeit öffnen, unseren Ängsten zum Trotz, um dem zu entgehen.

Und erkennen, dass wir das brauchen, um die Leere zu überleben.

34

Mit der Zeit
lernt man es schließlich

Der Mann, den ich liebe, bringt mir jeden Morgen meinen Kaffee ans Bett und verscheucht die Albträume der vergangenen Nacht, indem er mir mit der Hand übers Gesicht streicht.

Der Mann, den ich liebe, ist immer an meiner Seite, auch wenn er fern ist. Die Liebe besteht nicht nur aus kleinen Gesten, sondern auch daraus, dass man dieses Geheimnis, das man in sich trägt, miteinander teilt.

Der Mann, den ich liebe, ist das Wort, das meine Klage zärtlich wiegt, selbst wenn er mich bittet, endlich still zu sein.

Wenn man nach den rechten Worten sucht, um zu erklären, was uns fehlt und was uns tröstet, dann schweifen die Gedanken weit ab. Statt den Gesetzen der Logik zu folgen, verlieren sie sich in den Paradoxien und Widersprüchen des Unbewussten, wo es so gut wie niemals stimmt, dass A und Nicht-A, als Eigenschaften ein und desselben Gegenstands, sich gegenseitig ausschließen.

Vor allem dann nicht, wenn man sich in die obskure Welt der eigenen Vergangenheit vorwagt, auf der Suche nach jenem besonderen Moment, jenem Augenblick, in dem alles seinen Anfang nahm. Und einem dann klar wird, dass man es mit etwas zu tun hat, dessen Wesen man niemals erkennen wird.

Auch die Zeit ist für das Unbewusste nicht linear. Es gibt kein Vorher und kein Nachher. Es gibt nur eine endlose Gegenwart, in der wir immer sein werden, was wir einst waren und was wir zukünftig sein werden.

Junge Frauen, Schwestern, Mütter, Großmütter, die immer wieder die alte Leier wiederholen, wie eine gesprungene Schallplatte.

Wie sollen wir die Fehler und den Schmerz akzeptieren – den Schmerz des Verzichts und des Verlusts, der Launen, denen man nicht gefolgt ist, weil man nur ein wenig Zuneigung suchte, ein wenig von der Geduld, die man braucht, um wieder von vorn anfangen zu können, während er uns unseren Mangel an Mut vorwirft. Wie kann man sich selbst ganz und gar annehmen? Wer weiß, wie wir wirklich sind?

Die Liebe ist der Schlüssel, die Liebe ist die Antwort.

Diese Liebe, die immer erst im Nachhinein kommt.

Nachdem man aufgehört hat, etwas zu wollen und die Kontrolle zu behalten. Nachdem man gelernt hat, nichts zu fordern. Nachdem man verstanden hat, dass es genügt, einfach nur da zu sein, still, nur wenn es nötig ist.

Mit der Zeit lernt man es schließlich: Der Zusammenstoß mit der Wirklichkeit ist heftig, und zu hoffen, eines Tages werde vielleicht alles anders sein, ist zwecklos.

Mit der Zeit lernt man es schließlich: Die Freude beginnt, wenn man die Tatsache hinnimmt, dass die Vergangenheit niemals vergangen ist; wenn man anfängt, mit der Unordnung leben zu können.

Selbst wenn man sich unterwegs verirrt.
    Und er zu weit weg ist, um uns zu suchen.

35

Addition und Subtraktion

Jeden Tag mache ich Kassensturz in der Liebe. Was Jacques will und was er nicht will. Was er tut und was er nicht tut. Was er ist und was er nicht ist. Und auch nie sein wird.

Wer ist er wirklich? Und ich, wer bin ich?

Ich addiere und subtrahiere, schreibe ganze Zahlenkolonnen auf, sauber untereinander, um beim Übertrag auch ja keinen Fehler zu machen. Währenddessen überprüfe ich die assoziativen und die distributiven Merkmale, wie damals, als ich noch ein Kind war. Und das Kommutativgesetz? Ja klar, das gibt es ja auch noch! Gut. Alles ist wieder in Ordnung. Ich kann weitermachen.

Erst beim Subtrahieren wird es komplizierter. Gelten hier auch die Invarianten? Wenn ich $15-5$ oder $18-8$

rechne, dann erhalte ich das gleiche Ergebnis, oder etwa nicht?

Es ist immer noch so, dass ich das Leben mit der Mathematik verwechsle, wie damals, als ich ein kleines Mädchen war und die Strenge der Zahlen mich faszinierte. Ohne zu begreifen, welche Gefahr darin liegt, zu vergessen, dass die »semantische Stabilität«, die für jede Argumentation erforderlich ist, im Leben nur ein falscher Schein ist. Denn das Leben steckt voller Paradoxien und Hyperbeln. Und die formale Validität bedeutet gar nichts. Im Gegenteil. Manchmal hindert sie uns daran, zu sehen, was sich im innersten Kern der Dinge verbirgt.

Es ist, als wollte ich nicht akzeptieren, dass die Rechnungen im Leben nie ganz aufgehen, vor allem nicht in der Liebe.

Was bleibt denn noch übrig von der Liebe, wenn man erst einmal Geduld und Zärtlichkeit abgezogen hat? Was bleibt übrig, wenn du nicht fähig bist, mir zuzuhören?

Was man von der Liebe abzieht, kann man nicht als Kredit vergeben. Man kann sich nicht ein bisschen Zuhören leihen, um das Minus an Kindheit und Erinnerungen zu kompensieren. Zuhören ist nichts, was man sich ausleihen kann. Und vielleicht ist das auch besser so, wenn man bedenkt, dass es einem nie gelingt, seine Kindheitserinnerungen richtig zu erzählen.

Wie soll ich diese plötzliche Furcht erklären, diese Machtlosigkeit im Angesicht seines Blicks, diese Angst, in tausend Scherben zu zerspringen. Wie soll ich diese ganze Gewalt erklären, unsichtbar von außen? Wie soll ich von ihr reden, wenn ich sie gar nicht zu benennen weiß?

Sie hat sich in mir eingenistet und alles verwüstet. Alles, was sich entfalten und aus mir herauskommen wollte. Alles, was noch einen Geschmack hatte und einen Geruch. Während in mir alles nur noch schwarz ist und nur die Wut darüber geblieben ist, dass ich nicht Nein sagen kann.

»Ja, danke!« »Ja, sicher!« »Ja« und noch mal »Ja« und immer »Ja«. Ein »Nein« entfährt mir höchstens in der Nacht. Ein »Nein«, das ich herausbrülle, morgens um drei, und das mich bis zum Morgengrauen wach hält.

Wie damals, als ich klein war. Und schweißgebadet erwachte, nachdem ich mich die ganze Nacht mit meinem Vater gestritten und im Traum geschrien hatte: »Nein, du hast unrecht!« »Nein, du hast nicht immer recht!« »Nein, hör auf!«

Diese Geschichte mit dem Darlehen gefällt mir überhaupt nicht. Ich finde sie ungerecht und unerträglich. Wie das Leiden von Kindern. Warum lässt der Herrgott so etwas zu? Warum schickt Er nicht die Engel und Erzengel aus, um sie aus ihren im Schmerz ertrinkenden Häusern herauszuholen und weit fortzubringen? Warum lässt er sie in der Finsternis allein?

Gesù mio mi metto nelle tue mani, tienimi tu, tienimi stretta fino a domani. Gesù mio fammi fare una nanna lunga lunga lunga,

fammi essere buona buona buona. Gesù mio fare bene me, papà,
mamma, il fratellino e i nonni amen.

Dieses Gebet hatte Mama eigens für mich erfunden. Ein
süßes Wiegenlied, das sie mir sang, während sie mir über
den Kopf strich, um mich zu segnen.

Gottes Barmherzigkeit, der alles Leben und alles Glück ent-
springt.
   Ich baue auf dich!
   Gottes Barmherzigkeit, erstaunliche Quelle des Wunders.
   Ich baue auf dich.
   Gottes Barmherzigkeit, die das ganze Universum umfasst.
   Ich baue auf dich!
   Gottes Barmherzigkeit, die uns unser ganzes Leben begleitet.
   Ich baue auf dich!

Doch wo ist diese Barmherzigkeit, wenn wir erst einmal
begreifen, dass es nichts mehr zu erwarten und zu erhoffen gibt?

In dem Fall ist es besser, wieder zu Addition und Subtrak-
tion zurückzukehren. Da geht wenigstens nichts verloren,
da summiert sich alles.
   Sicher, nach einer Weile stimmen die Berechnungen
hier auch nicht mehr. Die Angewohnheiten nach dem
Aufwachen summieren sich Tag um Tag. Und schon bald
ersticken sie uns. Der Kaffee, der auf dem Nachttisch wartet, das Knistern seines Hemds, die auf dem Boden ver-
streute Schmutzwäsche, die stillende Mutter, Papas Bart,

die angezündete Zigarette, die Zahnpastatube, das Konfetti auf dem Boden…

Noch eine Liste der nutzlosen Dinge, mit denen ich die Leere nicht füllen kann, die ich da, wo das Herz ist, in mir trage, die immer größer wird und mich verschlingt.

Wie soll ich die leeren Stunden füllen? Wann wird er kommen?

Ich frage mich das zwanghaft immer wieder. Ich würde wirklich gerne lernen, mich mit wenig zufriedenzugeben. Aber es gelingt mir nicht. Ich kann es nicht.

Es ist stärker als ich.

Und dann riskiere ich Kopf und Kragen und kreuze alles auf der Liste an. Was ich gerne getan hätte, aber nicht getan habe.

Die Regentage und die leeren Tage.

Die leere Zahnpastatube und die verbrannten Maroni. Die angezündete Zigarette und die Strümpfe, die nicht zusammenpassen.

Du, der du mich anlächelst.

Sie, die geht.

Ich berühre dich, ich schlafe neben dir, ich wache spät auf.

Einfache und erstaunliche Dinge. Wie neu. Bevor ich ihren Widerhall in mir finde. Bevor ich den Würfel werfe und alles wieder verliere. Alles, ein weiteres Mal.

Dich, die Kinder, das Haus…

Selbst die Träume sind davongeflogen. Dann lasse ich mich in deine Arme fallen und vergesse alles. Und entsage für immer den nichtssagenden Worten.

»Wenn ich ein Kind hätte, dann müsste ich morgens in aller Frühe aufstehen, um es zur Schule zu bringen, stimmt's?«

36

Und dann habe ich entdeckt, dass da noch etwas war …

Und dann habe ich entdeckt, dass da etwas anderes war. Eine andere Liebe. Gewaltig groß.

Eine Liebe, die vielleicht schon da war. Oder auch nicht. Aber das hat keine Bedeutung. Denn selbst wenn sie schon da war, wusste ich nichts davon. Daher ist sie wie neu. Ganz neu.

Und ich spüre, wie ich fast schon wieder bereit bin, die gleichen Fehler zu machen: schlaflose Nächte verbringen, lauthals lachen, wieder alles auf eine Karte setzen, wieder alles verlieren.

Als hätte ich nicht schon genug verloren. Als hätte ich vergessen, dass man, wenn man alles verliert, früher oder später auch sich selbst verliert.

Aber diesmal ist es anders. Ich spüre das. Ich weiß es. Ich bin mir sicher.

Diesmal habe ich begriffen, dass ich nicht fordern darf, was er mir nicht geben kann, dass ich ihm nicht geben kann, was er von mir fordert, dass Liebe und Leidenschaft nichts miteinander gemein haben und dass diese kleinen Nichtigkeiten für mich das Wertvollste sind. Sandburgen am Strand bauen, in einem bunten Karussell fahren, nach Hause kommen und sich darüber streiten, welche Farbe Teer hat, den Kamin anzünden und stundenlang ins Feuer starren.

Diesmal ist es anders. Ich spüre das. Ich bin mir sicher.

Denn selbst wenn ich alles verliere, mich selbst werde ich nicht verlieren. Auch nicht diese Lust, wieder von vorn anzufangen. Auch nicht die Gewissheit, dass niemand mir rauben kann, wer ich bin, auch nicht, wenn die Nacht mich alsdann auslöscht.

Und dann stürze ich mich kopfüber hinein. Und bin glücklich, wieder die gleichen Fehler zu machen, schlaflose Nächte zu verbringen, aus vollem Halse zu lachen, wieder alles auf eine Karte zu setzen, alles zu verlieren. Selbst wenn es kein Happy End gibt, selbst wenn man sich verliert.

Denn diesmal will ich eigentlich gar kein Happy End, nicht einmal das.

Seit ich entdeckt habe, dass es da noch etwas anderes gibt, interessiere ich mich nicht mehr fürs Happy End.

Also nähere ich mich an und entferne mich wieder und nähere mich wieder an.

Und auch ich lerne, immer nur dann da zu sein, wenn es nötig ist.

Immer da zu sein, aber von Weitem.

Immer da zu sein, aber mit Abstand.

Sicherheitsabstand zu wahren. Und zwar ständig, was auch immer geschieht.

Selbst wenn ich weiß, dass ich in meiner Wachsamkeit nachlassen kann, denn darauf kommt es an im Leben.

Seit ich entdeckt habe, dass es noch etwas anderes gibt, habe ich ein wenig Ordnung in mein Leben gebracht. Ein prekäres Gleichgewicht. Das nur zu mir passt.

Selbst wenn ich mich darin manchmal etwas beengt fühle. Weil ich für immer dort stehen bleiben würde. Und bei dieser rauschenden Fontäne bleiben, die unter der Sonne weint.

Da stehen bleiben und mich ganz klein machen – wenn ich mich ganz klein mache, kann ich dann bleiben? Ich verspreche dir, keinen Lärm zu machen. Ich rühre mich nicht, ich spreche nicht, ich sage nichts, ich rauche nicht einmal. Ich setze mich in eine Ecke und sehe dir beim Schlafen zu. Ich setze mich in eine Ecke und warte auf dich. Ich setze mich hierher. Ich warte auf dich.

Seit ich entdeckt habe, dass es da noch etwas anderes gibt, weine ich manchmal.

Auch wenn meine Tränen ihm herzlich egal sind. Außerdem weine ich auch nicht wegen ihm. Sondern über das Leben. Weil es immer zu spät ist.

Zu spät, um noch ein Kind zu bekommen. Zu spät, um ihn zu verlassen. Zu spät. Auch zum Beten zu spät.

Und dann begreife ich, dass der Rest keine Bedeutung hat.

Wenn so viel Liebe da ist, hält alles zusammen.

Quellen

Hannah Arendt – Kurt Blumenfeld: »*... in keinem Besitz verwurzelt*«. *Die Korrespondenz*, hrsg. von Ingeborg Nordmann und Iris Pilling, Hamburg 1995

Zygmunt Bauman, *Liquid Love*, Oxford 2003

https://www.bibleserver.com/text/SLT/Prediger1

Dino Buzzatti, *Die Tatarenwüste*, aus dem Italienischen von Percy Eckstein und Wendla Lipsius, Berlin 2012

Elias Canetti, *Die Provinz des Menschen. Aufzeichnungen 1942–1972*, München 1973

Albert Cohen, *Schöne des Herrn*, aus dem Französischen von Helmut Kossodo und Michael von Killisch-Horn, Stuttgart 2012

Fjodor M. Dostojewski, *Der Idiot*, aus dem Russischen von E. K. Rahsin, Frankfurt am Main 1992

F. Scott Fitzgerald, *Der Große Gatsby*, aus dem Amerikanischen von Bettina Arbabanell, Frankfurt am Main 2009

Fromm, Erich, *Die Kunst des Liebens*, Frankfurt am Main 1971

Søren Kierkegaard: *Entweder – Oder. Ein Lebensfragment*, hrsg. von Victor Eremita, Berlin 2013

Friedrich Nietzsche, *Menschliches, Allzumenschliches*, Erster Band, Zweites Hauptstück – Zur Geschichte der moralischen Empfindungen, 58, »Was man versprechen kann«, aus: ders., Werke in drei Bänden, München 1954, Band 1

Ders., *Jenseits von Gut und Böse*, Erstes Hauptstück, Von den Vorurtheilen der Philosophen, 17, aus: ders., a.a.O., Band 2

M. Nussbaum, *Love's Knowledge*. New York und Oxford 1990

Pascal, *Pascal's Gedanken über die Religion und einige andere Gegenstände*, aus dem Französischen von Karl Adolf Blech, Berlin 1840

Cesare Pavese, »Anche tu sei l'amore«, in: *Le Poesie*, Milano 2005

Stendhal, *Über die Liebe*, aus dem Französischen von Franz Hessel, Frankfurt am Main 2012

Paul Valéry, *Die junge Parze*, übertragen von Paul Celan, Frankfurt am Main 1957

Stéphane Zagdanski, *Autour du désir*, Paris 2001

Inhalt